Verena Kast · Lob der Freundin

Verena Kast

Lob der Freundin

Was Frauen aneinander haben

Kreuz

Inhalt

Die beste Freundin – die besten Freundinnen

Was ist das – die »beste Freundin«?

Generalisierend kann gesagt werden: Bei der besten Freundin spüren die Frauen Nähe, Wärme, fühlen sie sich geborgen und sicher, akzeptiert, auch wenn sie etwas machen, das die Freundin eigentlich nicht versteht. Sie können schwach und stark sein, sie können sich aufeinander verlassen in guten und in schlechten Tagen, wobei gerade auch die guten Tage betont werden, sie können offen sie selbst sein, ohne sich verstellen zu müssen, ohne eine Rolle zu spielen; sie haben den Raum, um immer wieder neu herauszufinden, wer sie selbst sind, wer sie selbst sein können. Und das alles ist verbunden mit Freude, Spaß und Wohlbefinden.

Als beste Freundin wird die verlässlichste bezeichnet, in der Beziehung zu ihr sind am wenigsten Vertrauensbrüche vorgekommen. Das ist die generalisierende Beschreibung der besten Freundin oder der besten Freundinnen, die etwas idealisierend klingt.

Die beste Freundin scheint die zu sein, die einem im Moment besonders gut tut und die Lebensbedürfnisse oder die Entwicklungsbedürfnisse, die man hat, am besten abdeckt, oder die am ehesten bestimmte Fähigkeiten und Seiten in einem zu wecken oder zu stimulieren vermag.

Das ist ein erster Hinweis darauf, dass die Beziehung zur Freundin durchaus etwas mit dem Individuationsprozess zu tun hat, mit diesem Prozess, dessen Ziel es ist, eine eigene Identität zu haben, die immer weiter in Entwicklung steht und zu der es auch gehört, dass der Mensch sich von Autoritäten ablöst und zu einem umfassenden inneren Selbst in Beziehung steht.

Dafür spricht auch, dass fast alle Frauen verschiedene Freundinnen haben, durchaus mehrere beste, die jeweils verschiedene Lebens- und Persönlichkeitsbereiche abdecken. Die eine als Herausforderung, die auch politisch konfrontiert, die andere, um es gemütlich zu haben, Spaß zu haben, gut zu essen …

Es scheint eine Form der weiblichen Lebenskunst zu sein, die Freundinnen zu finden, die gerade jene Seiten abdecken, die man im Moment abgedeckt haben muss. Die Beziehungen zu den Freundinnen sind zeitintensiv, sie setzen geradezu einen Zeitwohlstand voraus, wenn auch die beste Freundin oder die besten Freundinnen gerade dadurch sich auszeichnen, dass man »wieder dort beginnen kann, wo man das letzte Mal aufgehört hat, also keine Aufwärmphase braucht«. Dennoch: Zentral in diesen Beziehungen sind die Gespräche, in denen es um »Gott und die Welt« geht, vor allem aber um sich selber, um Beziehungen, um Beziehungen zu den Partnern, aber auch um die Beziehung zwischen den Freundinnen, um Beziehungsprobleme ganz allgemein, aber auch um Zukunftsperspektiven (z.B. Kinderwunsch), Gespräche über Therapie, gefolgt von Gesprächen über Politik, kulturelle Ereignisse, Literatur, Spiritualität. Und diese Gespräche brauchen Zeit. Immer steht im Mittelpunkt, dass die Frauen ihre eigenen Empfindungen und Wahrnehmungen formulieren, und dass ihnen jemand interessiert zuhört. Was also hier geschieht, ist gerade nicht ein Getratsche, wie es so oft entwertend bezeichnet wird, sondern es sind wirkliche Gespräche, in denen zwei Menschen miteinander über eine Sache reden, zwei Menschen einander zuhören – und sich beide zumindest über sich selbst klar werden können dabei, wenn nicht aus dem Gespräch sogar wesentlich neue Impulse kommen.

Der Ort des Vertrauens

Vertraut ist einem die beste Freundin – nicht fremd –, und man kann Vertrauen zu ihr haben. Allerdings ist es dann auch entsprechend kränkend, wenn das Vertrauen missbraucht wird, dann könnte es sein, dass die beste Freundin nicht mehr die beste Freundin ist. Und wie bei allen Enttäuschungen in den Beziehungen folgt einer solchen Enttäuschung ein Rückzug, eine Phase des Misstrauens.

»... *Aber nachdem das kaputtgegangen ist, habe ich gedacht, ich habe vielleicht auch zu viel erwartet, und erst einmal will ich gar keine Freundin mehr haben, jedenfalls keine beste mehr, dann kann es mir ja auch nicht mehr so weh tun. Inzwischen weiß ich, dass ich es einfach auch beweinen muss, betrauern ...«(27 J.)*

Gerade diese Reaktion zeigt, wie nah die Beziehung gewesen ist, wie sehr auch auf dieses Vertrauenkönnen gebaut worden ist, wie wenig die Enttäuschung ins Auge gefasst wurde. Es mutet geradezu erstaunlich an, dass in einer Welt, in der so viel Misstrauen herrscht, in der Beziehung zur Freundin so etwas wie eine Oase des Vertrauens zumindest gesucht und zu einem großen Teil auch erlebt wird.

- Sie können sich aufeinander verlassen und darauf vertrauen, dass sie sich aufeinander verlassen können. Nicht nur dann, wenn es der Freundin gerade passt, sondern dann, wenn es notwendig ist.
  Zu diesem Sich-aufeinander-Verlassen gehört auch, dass durch die Gespräche mit der Freundin es immer auch möglich ist, sich in einer Situation wieder besser zu verstehen und sich auch neu zu orientieren, dass andererseits auch durch ganz praktische Hilfestellung gewisse Lebenssituationen erträglich werden oder Veränderungen zu bewältigen sind. Dabei scheint es nicht nur um die Hilfestellung selbst zu gehen, sondern vor allem um das unabweisbare Gefühl, dass hier eine Frau ist, die helfen würde, die alles täte, was in ihrer Macht steht, um zu helfen.
- Sie können offen sein zueinander, ehrlich sagen, was sie meinen, ohne dass sie befürchten müssen, »dass einem was reingewürgt wird«, aber auch ohne dass eine der anderen sagt, dass das, was sie sagt, nicht stimmt usw.
- Sie können so sein, wie sie sind, »ohne eine Maske« und ohne Angst, deshalb nicht akzeptiert zu werden.
- Sie werden gehört, gesehen – und auch verstanden. Dazu gehört auch die Aussage, dass »wir miteinander ganz schwach sein können

oder auch ganz stark«, dass die Freundin eine Freundin eben für schlechte und für gute Zeiten ist. Das bedeutet, dass man der Freundin eine verhältnismäßig große Neidtoleranz zuschreibt, oder zumindest hofft, dass sie mit ihrem Neid umgehen kann, dass die Liebe zur Freundin, das damit verbundene Gefühl eines »Wir«, größer ist als das konkurrierende »Ich gegen dich«. Neid, Gefühle von Konkurrenz spielen aber durchaus eine Rolle.
Es geht also nicht einfach darum, dass Frauen eine Verbindung in der Schwäche pflegen würden, sich in ihrer Schwäche gegenseitig trösten, sondern es ist für sie wichtig, in ihrer Stärke gesehen und auch akzeptiert zu werden.

- Sie erleben emotionale Nähe:

»Das ist einfach ein Gefühl, das kann ich nur von einer Freundin kriegen ... Das ist so eine Art von Intimität, die eben ganz anders ist als zu einem Mann oder den Geschwistern. Es hat auf jeden Fall was mit Intimität zu tun. Mit diesem Sich-ganz-nah-Sein, ganz Offen-Sein ... und das ist vielleicht auch deshalb für mich wichtig, weil ich das früher alles auf den Partner projiziert habe ... Ich bin aber nie auf die Idee gekommen, dass das vielleicht ein Mann gar nicht geben kann, was ich da haben will ...« (36 J.)

Sich geistig und gefühlsmäßig nahe sein, eine Form von Intimität leben, sich zeigen – offen –, nicht nur seelisch-geistig, sondern auch in den körperlichen Bedürfnissen, aber auch in den Widersprüchen, fürsorglich sein gegenseitig, sich schützen – und doch auch sich abgrenzen – diese Nähe, die sehr viel an Verlässlichkeit, an Schutz, an Zärtlichkeit, an Achtsamkeit beinhaltet, auch die Kunst, abhängig zu werden und abhängig zu sein, könnte leicht zu einer Identifikation mit der Freundin werden, einer Identifikation, die gerade wiederum den Anspruch an das Sie-selbst-sein-Dürfen in der Beziehung zur Freundin scheitern ließe, wäre da nicht auch und ergänzend dieses Bedürfnis des Sich-Abgrenzens.

Konsequenz dieser verschiedenen Aspekte des Vertrauens ist, dass sich die Freundinnen geborgen fühlen: Vertrauen, Vertrautheit, Geborgenheit und das immer wieder erwähnte Verständnis füreinander bewirken, dass diese Beziehung zu der Freundin eine verhältnismäßig angstfreie ist, die im alltäglichen Leben eine Reduktion von Angst ermöglicht, es den einzelnen Frauen aber auch gestattet, in diesen Beziehungen sehr viel mehr sie selbst zu sein als in anderen Beziehungen; unter den anderen Beziehungen werden vor allem die Beziehungen zu den Männern genannt, Partnern und Freunden.

Die Freundin als Eckpfeiler

... um gut durch den Alltag zu kommen

»Sich so gegenseitig zu helfen, auch mit Alltagssituationen umgehen zu können; sich gegenseitig auch Unterstützung zu geben. Das ist das, was ich immer ganz stark spüre. Wenn ich mal wieder ganz viel erzählt habe, wie es mir hier- und damit geht, auch wenn es mir vorher schlecht ging, merke ich, dass allein der Kontakt mit ihr ... mich aufbaut. Dann fühle ich mich ... dann spüre ich meinen Rücken wieder ... dann gehe ich irgendwie viel gerader wieder nach Hause ...« (36 J.).

Hilfestellung zur Bewältigung des Alltags spielt in allen Beziehungen zwischen Freundinnen eine große Rolle. Dabei kann es eher um praktische Dinge gehen: etwa gegenseitiges Sich-Kümmern um die Kinder, das Erstellen einer größeren Arbeit für die Uni, das gemeinsame Arbeiten an einem politischen Projekt, das Sich-Einsetzen für bessere Schulverhältnisse für die Kinder usw., oder aber um Gespräche, die es den Frauen möglich machen, sich wieder besser selbst zu helfen, Gespräche als Hilfe zur Selbsthilfe.

Eine Vertrauensbasis im Leben zu finden, durchaus durch Vertrauen in die Hilfsbereitschaft anderer Menschen und in die eigene Hilfsbereitschaft, hat bei Frauen nicht eine Minderung, sondern eine Mehrung des Selbstwertgefühls zur Folge. Außerdem ist eine deutliche Beziehung zwischen emotionaler und instrumenteller Hilfe, einer nahen seelischen Beziehung und einer hilfreichen Unterstützung im Alltag mit dem Selbstwert der Frau zu sehen: »*... dann spüre ich meinen Rücken wieder ... dann gehe ich irgendwie viel gerader wieder nach Hause.*« Hier ist in der Körperbefindlichkeit ausgedrückt, dass die Frau durch das Gespräch und die Hilfe das Lebensgefühl zurückgewinnt, wieder eine aufrechte, würdevolle Frau zu sein, die das Leben tragen kann.

Dadurch, dass es beste Freundinnen gibt, ist weniger Angst im Leben: Generalisierend ist zu sagen, dass Frauen, die ihr originäres, individuelles Selbst haben und damit auch einen gesunden Selbstwert, weniger depressive Symptome zeigen, besonders dann, wenn sie mit Verlustsituationen konfrontiert werden. Die nahe emotionale Beziehung zur Freundin könnte also – gerade entgegen den Befürchtungen, die immer wieder auftauchen – nicht zu einem Verlust des originären Selbst, sondern geradezu zur Sensibilisierung für das Selbst-Sein beitragen.

Die Freundin als Mutter

Die Freundin als Muttterersatz erfüllt einen Nachholbedarf an fragloser Daseinsberechtigung, zusammen mit Nahrung auch für den Körper.

»Ja, ich geh da ganz gerne hin und so, ich fühle mich bei ihr einfach wohl. Man hat da das Gefühl, man ist da willkommen, die Söhne kommen auch noch zum Essen, und man isst dann zusammen … Und für mich ist das auch so was Mütterliches, auch weil sie zum einen älter ist und … ja, das Wichtigste ist doch für mich, dass ich immer willkommen bin … Mir tut sie einfach nur gut.« (26 J.)

Eine Frau, die direkt die Mutterfunktion ihrer Freundin anspricht, spricht von einer Krise mit ihr:

»Also einmal hatte sie auch eine Mutterfunktion, ja ganz stark, also auch sehr schützend, und andererseits auch wirklich so etwas Freundschaftliches, einfach eben eine Freundin, so wie ich es mir halt vorstelle, und irgendwie auch etwas von einer Liebesbeziehung, also keine sexuelle, aber irgendwie war es das doch …« (27 J.)

Die Krise besteht darin, dass in diese enge Freundschaftsbeziehung ein Mann getreten ist, was offenbar zu großen Auseinandersetzungen zwischen den beiden Frauen geführt hat, schmerzhaften Auseinandersetzungen. Diese Freundschaft, bei der die Freundin unter anderem – obwohl nur vier Jahre älter – die Mutterfunktion im Sinne des Schutzes übernommen hat, muss sich auf jeden Fall wandeln, gerät in die Krise, die in diesem Fall von lautstarken Auseinandersetzungen begleitet ist. Die Vermutung, dass hier eine Symbiose sich lösen muss, dass Themen der Individuation anstehen, ist deutlich, und wohl auch typisch für Freundinnenbeziehungen, in denen das Element des Mütterlichen eine große Rolle spielt.

Wenn die Symbiose im Vordergrund steht, dann muss, damit eine Entwicklung stattfinden kann, auch immer einmal wieder die Anforderung an die Individuation gepflegt werden. Wenn die Übertragung der Mutter auf die Freundin noch besonders deutlich ist, was darauf hinweist, dass sich der Ich-Komplex noch zu wenig aus dem Mutterkomplex emanzipiert hat, dies aber durchaus im Rahmen einer Auseinandersetzungsbeziehung zur Freundin weiter geschehen kann, stehen symbiotische Wünsche im Vordergrund und können die Auseinandersetzung und die damit verbundenen Anforderungen der Individuation hemmen. Es ist dann, wie in dem angeführten Beispiel, nicht selten ein Mann, oder ein dritter Mensch ganz generell, der diese Dynamik in die Beziehung hineinbringt und so die Entwicklung wieder vorantreibt.

Hypothese:
Die Identifikation mit der Freundin ist dann besonders groß, wenn noch Bedürfnisse nach einer Mutter auf die Freundin übertragen werden.

Auch wenn die Freundin mütterliche Aspekte weckt oder abdeckt, heißt es nicht, dass notwendigerweise eine symbiotische Beziehungsform entsteht, es heißt auch nicht, dass die Erfahrungen mit der eigenen Mutter einfach übertragen werden, es kann gerade im Gegenteil so sein, dass die Freundin mütterliche Aspekte abdeckt, die die eigene Mutter nicht abdeckte oder nicht abzudecken wagte.

Die Beziehung zu anderen Frauen ermöglicht Bewusstwerdung von sich selbst als Frau: Frauen sehen sich dann nicht nur mit den eigenen Augen an, sondern auch durch die Augen einer anderen Frau. Man spiegelt sich gegenseitig, nimmt sich wahr, nimmt sich an. Die Beziehung zu anderen

Frauen vermittelt aber auch eine Erlebnisqualität, von der ich meine, dass sie am ehesten mit »Animaqualität« bezeichnet werden kann: eine Atmosphäre der Verbundenheit untereinander und des dabei seelisch »Weitwerdens«, ohne dass sie sich schützen muss, eine Form des erotisch Angesprochenseins, die nicht sofort die Aktion sucht, eine Faszination von weiblichen Möglichkeiten, Zärtlichkeit usw., die einfach einmal ausprobiert werden dürfen.

Es werden dadurch auch unbewusste weibliche Bilder belebt, verbunden mit den jeweils speziell zu ihnen gehörenden Emotionen, die sehr viel mit Verbundenheit – zärtlicher Verbundenheit, wilder Verbundenheit – zu tun haben und verschiedene Dimensionen des Frauseins erschließen.

Aus diesem Erleben heraus kristallisiert sich ein neuer Lebensentwurf, der jetzt auch wiederum eine Wiederannäherung an die Mutter erlaubt: Meistens ist es eine Auseinandersetzung mit der Mutter, die nun aber empathisch geführt wird. Die Mutter kann jetzt als eigenständige Persönlichkeit stehen gelassen werden, sie kann verstanden werden in ihrem Gewordensein. Bei dieser Wiederannäherung wird die Tochter auch feststellen, in welchen Eigenheiten sie der Mutter gleicht, dass sie vielleicht sogar die gleichen ärgerlichen Eigenschaften hat, mit denen sie bestenfalls anders umzugehen lernen kann. Sie wird jedoch bemerken, dass sie trotz der Ähnlichkeiten auch ein ganz anderer Mensch ist.

Im Übrigen wird gerade auch an dieser Form der Freundschaftsbeziehung zu einer mütterlichen Frau deutlich, dass Abgelöstheit von der Mutter nicht heißt, Mütterliches aus dem eigenen Leben zu verbannen, noch einfach selber mütterlich zu sein um jeden Preis. Das Mütterliche hat für die einzelnen Frauen zunächst einmal verschiedene Gesichter: etwas Warmes zu essen bekommen, immer willkommen sein, Schutz, Verwöhnung, Verführung zum sich Wohlseinlassen usw. ... Und so besehen zeigt es sich, dass in vielen Interviews, in denen nicht explizit davon gesprochen wurde, dass die Freundin mütterliche Qualitäten hat, dennoch davon gesprochen wurde, etwa wenn die Frauen immer wieder erwähnten, dass sie gerne mit ihrer Freundin etwas Schönes kochen und essen, dass sie Spaß haben wollen miteinander, dass sie etwas Schönes miteinander einkaufen gehen, dass sie sich gegenseitig massieren, in die Sauna gehen usw. Das hat dann nicht mehr primär etwas mit Übertragung der Mutterbeziehung auf die Freundschaftsbeziehung zu tun, sondern es hat damit zu tun, dass sich Frauen miteinander offenbar ein »Mutterfeld« schaffen können, in dem es sich gut leben lässt, in dem sie sich erholen können, wo Lebensfreude und vielleicht auch ein wenig Lebenskunst aufblitzen. Es fällt auf, dass nur der positive Aspekt der Mutterbeziehung in der Beziehung zur Freundin reaktiviert wird: eine Chance nachzuholen – oder das ganz Besondere an der Beziehung zur besten Freundin?

Frausein mit der Freundin

Frauen sagen, dass sie in der Beziehung zur besten Freundin oder zu den besten Freundinnen sie selbst sein können, sich nicht verstellen müssen, keine »Maske tragen müssen«, und zusätzlich noch eine »Selbstvergewisserung« erfahren durch diese Beziehung.

»Bei ihr fällt es mir z.B. relativ leicht, mich ohne Maske zu geben und mich zu zeigen, wie ich bin. Ihr kann ich auch Sachen erzählen, die mir fürchterlich peinlich sind … oder auch Sachen, wo ich mir sehr unsicher bin, ob ich da irgendwas falsch sehe, oder auch nicht. Also auch als Kritikerin ist sie mir sehr wichtig … Sie ist mir auch wichtig, um eine weibliche Identität zu finden.« (29 J.)

Sie selbst zu sein wird für diese beiden Frauen, deren Aussagen für eine ganze Gruppe stehen, als bedingungsloses Stehen zu sich selbst verstanden, wobei eben nichts unter einer Maske versteckt werden muss. Es geht um emotionale Echtheit, die in Zusammenhang gebracht wird mit dem Finden einer weiblichen Identität. Die Freundin also als die Person, bei der sie sich zeigen darf, wie sie ist, weil wenig Angst vorhanden ist, falsch verstanden zu werden. Das Erlebnis, das dahintersteht, ist offenbar doch, dass die Freundin zu verstehen versucht, und nicht gleich verurteilt oder zeigt, dass sie es besser weiß. Es scheint eine Öffnung unter Menschen zu sein, die miteinander etwas erreichen wollen, bei denen es nicht primär darum geht, wer gewinnt und wer verliert.

»Irgendwie fühle ich mich viel ernster genommen von Frauen, dass sie mir mehr Platz einräumen, ich dann auch anders rede … Also ich habe das Gefühl, dass ich viel mehr ausprobieren kann, was ich sein kann, so einen Freiraum habe, zum Experimentieren, was für Möglichkeiten in mir stecken. Und nicht so auf eine Rolle reduziert werde, also nicht so begrenzt bin; das ist unheimlich befreiend.« (28 J.)

Es geht nicht nur um emotionale Echtheit, jenseits eines Rollenzwanges, es geht auch darum, dass in der Beziehung zur besten Freundin Raum ist, um sich selbst auszuprobieren. Raum zu haben, um sich auszuprobieren, um sich darzustellen, um sich ausbreiten zu können, ohne gleich von einem anderen Menschen, der viel Raum beansprucht, in die Schranken gewiesen zu werden, ist enorm wichtig – und ist »unheimlich befreiend«. Es ist also in der Beziehung zur besten Freundin möglich, die verschiedenen Seiten an sich selbst, die sie zu einem gewissen Teil selbst nicht kennt, erstmals zum Ausdruck zu bringen – und in einem geschützten Rahmen – die beste Freundin ist meistens wohlwollend gesinnt – ein erstes Mal auszuprobieren.

Sich in der Beziehung zur Freundin so geben zu können, wie sie ist, scheint geradezu das Kriterium zu sein für die Qualität »beste Freundin«.

»Bei Birgit würde ich sagen, dass ich zu ihr die intensivste Beziehung habe und dass ich mich ihr gegenüber am meisten so geben kann, wie ich eigentlich auch bin, oder wie ich mich fühle.« (23 J.)

Sie selber sein wird von diesen Frauen verschieden verstanden, grundsätzlich aber als Echtheit im Ausdruck, die kongruent ist mit der eigenen Befindlichkeit. Dazu wird erlebt, dass diese Echtheit nicht in einem vorbestimmten Bereich erlaubt ist, sondern in einem sehr weiten Bereich, also ermöglicht, auch noch nicht Erprobtes durchzuspielen.

»Wir reden auch über solche Sachen wie Krebs oder Tod, die uns Angst machen, und wir wissen

voneinander, dass, wenn eine von uns betroffen ist, wir dann Rückhalt haben. Bei Männern habe ich oft das Gefühl, dass ich die Starke sein und sie eigentlich noch mit durchziehen muss, wenn irgendein Problem da ist.

Also bei einer Freundin habe ich auch dieses Vertrauen und kann mich auch fallen lassen. Ich brauche bei einer Freundin nicht zu spielen, also keine Fassade aufzubauen, und das ist nicht so anstrengend.« (36 J.)

Die Freundschaft als Ort des Vertrauens und die Möglichkeit, sie selbst zu sein, ohne eine Fassade aufbauen zu müssen, ohne eine bestimmte Rolle zu spielen, gehören untrennbar zusammen. Folge davon ist unter anderem, dass von tiefen Ängsten gesprochen werden kann und offenbar auch sich gegenseitig vermittelt wird, dass die Freundin dann nicht im Stich gelassen wird. Folge davon ist mehr Vertrauen zu sich selbst – die Ängste müssen dann nicht verdrängt werden, was das Selbstbewusstsein stützt – und mehr Vertrauen in die Freundin und in das Leben.

»Mir ist das ganz wichtig, dass so eine Ehrlichkeit da ist, dass ich mich nicht hinter irgendwelchen Rollen und Masken verstecke, oder sie sich; sondern dass wir Sachen aussprechen, die sonst

irgendwie dazwischen stehen. Eine Freundschaft besteht für mich auch gerade darin, über solche Dinge zu reden, das zuzulassen, auch Ängste zuzulassen, die in einer Freundschaft da sind, um auch so eine Nähe zuzulassen.« (30 J.)

Sie selbst sein zu dürfen hat viel damit zu tun, sich zu den eigenen Ängsten bekennen zu dürfen, sind diese doch eine ernsthafte Anfrage an sich selbst, sagt uns die Angst doch, wo wir uns von einer Gefahr ergriffen fühlen, wo wir uns in unserer Identität bedroht fühlen, andererseits aber auch gerade, wo wir etwas für unsere Identität tun können und tun müssen, indem wir die Angst wahrnehmen, sie benennen und uns überlegen, wie wir mit Mut zur Angst eine Situation so verändern, dass sie für uns stimmiger ist, oder wie wir lernen, mit der Angst zu leben. Eine wichtige Form der Angstbannung ist es, die Angst miteinander zu teilen und miteinander zu überlegen, wie wir ihr begegnen. Ebenso wichtig ist es aber auch, herauszufinden, ob denn andere Menschen eine uns vielleicht sehr ängstigende Situation anders beurteilen, ob wir die für uns bedrohlich erscheinende Situation auch mit anderen Augen sehen und dadurch anders erleben können.

Beziehungen, in denen mehr Angst zugelassen werden darf, sind Beziehungen, in denen man weniger Abwehrmechanismen braucht, wie das eine Frau ausdrückt:

»Ich habe das Gefühl, dass Schutzmechanismen vielerlei Art da nicht erforderlich sind. Also, ich brauche mich nicht vor Verletzungen zu schützen. Ich kann unkontrollierter sein, weil ich nicht aufpassen muss, dass sie mir was tut … Ich glaube, das ist sehr wichtig.« (36 J.)

Das heißt mit anderen Worten nur wieder, dass in diesen Beziehungen wenig Angst ist, und dass dann, wenn wir uns nicht ängstigen, wir uns selbst zeigen dürfen, wie wir sind. Das heißt aber auch, dass wir in solchen Situationen eher herausfinden, wie wir denn überhaupt sind, nicht so sehr, welche Rollen in der Welt wir zu spielen fähig sind, sondern wie wir wirklich sind. Da wird sehr deutlich auch angesprochen, dass in diesen Freundschaften auch »Peinliches« gezeigt werden kann. Peinlich ist uns das, was wir an uns nicht akzeptieren können, was wir eigentlich verstecken möchten, was nicht mit dem Bild, das wir von uns selbst haben, übereinstimmt. Es sind uns fremde Seiten, die dennoch sehr weitgehend unser Leben ausmachen, so dass es sehr wichtig wäre, diese fremden Seiten, diese Schattenseiten in unser Selbstbild zu integrieren.

In der Beziehung zur besten Freundin können also auch Schattenseiten ins Licht gehalten werden, die wir sonst und vor allem in anderen Beziehungen eher vor der Welt verbergen. Diese sind aber gerade sehr wichtig sowohl für die Selbsterkenntnis als auch für den Umgang mit anderen Menschen, auf die wir unseren unbewussten Schatten projizieren oder an die wir ihn delegieren, und die unsere Beziehungen zu ihnen stören oder die Beziehung zu uns selbst verzerren, weil wir – in der durchgängigen Identifikation mit den Schattenseiten – uns ganz und gar verschattet vorkommen.

Auch wenn in der Beziehung zur besten Freundin diese Schattenseiten gesehen werden dürfen, auch zu ihnen gestanden werden kann, was für den Prozess der Selbstwerdung sehr wichtig ist, weil dieses Herausfinden, wo Licht und wo Schatten ist, nötig ist, um verantwortlicher mit diesen Seiten umgehen zu können, so gilt doch auch die Regel, dass in jeder Beziehung auch Schatten entsteht.

Wenn von den Frauen fast beschworen wird, dass es bei der Freundin möglich ist, sie selbst zu sein, dass nicht gewertet, vor allem auch nicht entwertet wird, so verstehe ich das zunächst dahingehend, dass die Beziehung zur besten Freundin wirklich als eine wohlwollendere verstanden wird als die üblichen menschlichen Beziehungen. Zum anderen aber auch dahin, dass es für die Frauen ungeheuer wichtig ist, einen Ort zu haben, wo sie sie selbst sein können, wo sie sich nicht so sehr fürchten müssen vor Unverständnis, vor Verachtung, wo sie auch nicht gleich zurechtgewiesen werden, wo sie in Ruhe herausfinden können, was sie denn eigentlich wollen.

Nicht immer scheint es aber eine Tugend zu sein, dass hier keine Maske gezeigt, keine Fassade aufgebaut werden muss. Gelegentlich bin ich der folgenden Aussage – in Variationen – begegnet:

»Wir brauchen einander nichts vorzumachen, wir kennen einander, und wir haben unsere Stärken und Schwächen gegenüber einander ausgelotet …« (33 J.)

Auch das eine Beruhigung, nichts vormachen zu müssen, weil es nichts vorzumachen gibt, weil da ein Mensch ist, der einen doch weitgehend kennt. Auch das ist ein wichtiger Aspekt des Selbstseins: Wenn andere Menschen uns kennen, dann ist das wie eine Versicherung, dass das, was wir über unser Leben wissen, unsere innere und natürlich auch unsere äußere Geschichte – aber hier geht es mehr um die innere – seine Richtigkeit hat, dass wir wirklich die sind, die wir zu sein vorgeben. Es ist eine Versicherung im Gewordensein unserer Identität. Das Thema der Ehrlichkeit taucht in diesem Zusammenhang immer wieder auf:

»Sie sagt mir immer ihre Meinung und ich ihr meine auch. Es ist ein sehr ehrliches Verhältnis zueinander, (…) die macht mir nichts vor. Die sagt mir nicht, das finde ich toll, wenn sie es blöd findet, sondern sie sagt dann auch: blöd … Und dadurch fühle ich mich auch so unterstützt von ihr …, so ehrlich angenommen und unterstützt.« (36 J.)

Offenheit, Ehrlichkeit, ehrliche Rückmeldungen, das sind weitere Qualitäten einer nahen Freundschaft. Die Anstöße, die daraus erfolgen, bringen durchaus einen Entwicklungsanreiz. Es ist natürlich ein sehr gutes Lebensgefühl, darauf vertrauen zu können, dass ein Mensch auf der Welt wirklich ehrlich auf uns reagiert, weniger taktiert oder vielleicht etwas verschweigt, weil Angst da ist, es der anderen nicht zumuten zu können. Und zugemutet wird einander da offenbar einiges.

Diese Aussagen stehen in einem gewissen Widerspruch zur Angst, die Freundin durch Abgrenzung zu kränken und zu verlieren, der wir später begegnen werden, und zur verhältnismäßig großen Angst vor Konflikten. Dieser Widerspruch muss so stehen gelassen werden, diese Hoffnung auf Ehrlichkeit und diese Bereitschaft, ehrlich in dieser Beziehung drin zu stehen. Das tiefgehende Vertrauen und die Hoffnung auf gültige Orientierung durch einen wohlwollenden Menschen stehen vermutlich gleichberechtigt neben der Angst, die Freundin zu kränken und dadurch zu verlieren.

Es geht aber nicht nur darum, dass Ängste zugelassen werden, peinliche Seiten enthüllt werden können, sondern es geht auch darum, dass Stärken zugelassen werden können:

»Es ist irgendwie selbstverständlich, dass wir miteinander ganz schwach sein können, oder auch ganz stark.« (26 J.)

Unterschiede zur Männerbeziehung

Wenn so sehr das Selbst-sein-Können betont wird, dann heißt das immer auch: im Unterschied zu Beziehungen, in denen die Frau nicht sie selbst sein kann, und das sind im Wesentlichen die Männerbeziehungen, mit denen die Beziehung zur besten Freundin verglichen wird, neben die sie gestellt wird.

»Du musst nicht in irgendeiner Weise besonders sein, oder irgendwas Besonderes tun für diese Zuneigung oder für diese Beziehung. Du kannst einfach sein, wie du bist. Du musst dich nicht anstrengen dafür.« (28 J.)

»Ja, und ein weiterer Punkt: Man kann da einfach auch wirklich nur mal losjabbeln, einfach loserzählen, ohne Punkt und Komma, ohne dass man dann gleich das Gefühl hat, jetzt musst du etwas Hochgeistiges erzählen, das muss alles ganz toll sein, also einfach loserzählen, ... ohne dass gleich Kommentare kommen – und man hat auch ganz andere Themen als mit einem Mann.« (29 J.)

Ob mit einem Mann nun wirklich immer nur etwas Hochgeistiges ausgetauscht werden kann, und ob dieser dann in der Lage wäre, diesem Hochgeistigen auch immer zu folgen, müsste natürlich zunächst noch ausgemacht werden. Es ist also durchaus möglich, dass dieser Leistungsdruck, der allerdings von mehreren Frauen gespürt wird, einer Projektion entspricht: dass ein eigener hoher Anspruch, der möglicherweise aus Erfahrungen mit dem Vater und den Vätern stammt, hier projiziert wird. Dass es sich aber nicht um reine Projektionen handelt, beweisen

Äußerungen von Männern, die dahin gehen, dass sie nicht verstehen, dass Frauen so lange Zeit über Beziehungen sprechen können und dass es ihnen ganz recht sei, wenn die Frauen diesen Bereich mit ihren Freundinnen abdecken würden.

Dennoch kann nicht die ganze Schuld einfach den Männern zugeschoben werden. Auch Frauen verhalten sich eben anders, wenn sie mit einer Frau oder einem Mann zusammen sind:

»Und bei Frauen habe ich auch das Gefühl, mehr so sein zu können, wie ich bin. Also nicht irgendwie sein zu müssen, um zu gefallen … also nicht: Wie wirke ich jetzt, wie bin ich jetzt? Wenn jetzt hier ein Mann sitzen würde, ich könnte nie so mit einem Mann reden wie mit dir. Ich hätte nicht das Gefühl, dass es auf einen Boden fällt, wo das verstanden wird.« (34 J.)

Wenn Frauen mit Männern zusammen sind, scheint es zunächst nicht darum zu gehen, dass sie ihr Selbst in vielen möglichen Facetten erfahren und zum Ausdruck bringen, sondern dass sie deutlich auf den Mann bezogen sind, auf seine vermeintlichen oder wirklichen Wünsche, und dass sie das Gefühl haben, deshalb nicht mehr offen sein zu können.

Die, die ich bin

»Mir geht es auch so, dass ich im Umgang mit Männern nicht immer die bin, die ich eigentlich bin, sondern schon ein bisschen gucke, was passt da rein, was nicht, und das hab ich nicht nötig bei den beiden (Freundinnen).« (19 J.)

In dieser Aussage kommt deutlich zum Ausdruck, dass diese junge Frau die Tendenz hat, in Gegenwart von Männern nur die Seiten von sich zu zeigen, die ihr bei den Männern Wohlwollen garantieren. Damit zeigt sie aber nicht ihr wahres Selbst, das heißt auch, sie vergibt sich eine Möglichkeit, ihr wahres Selbst in den Beziehungen kennen zu lernen. Würde dies ihre ausschließliche Verhaltensmöglichkeit sein, dann könnte man von einer abgeleiteten Identität sprechen.

Eine abgeleitete Identität zu haben heißt, anstatt im Laufe des Lebens immer mehr das eigene Selbst kennen zu lernen, sich das Selbst von anderen Menschen, in unserer Kultur bei Frauen meist durch die Väter, Freunde und Männer, verschreiben und vorschreiben zu lassen. Diese wissen dann, wie die Frau sich zu fühlen hat, was sie zu spüren hat, wie sie zu denken hat, sie wissen auch, was denn eigentlich eine »richtige« Frau ist: Sie ist dann eine richtige Frau, wenn sie ihren

Vorstellungen von einer richtigen Frau sich angeglichen hat, sie ist also dann eine richtige Frau, wenn sie die eigene Identität verraten hat, wenn sie, statt sich immer wieder zu fragen, was denn jetzt für sie selbst richtig und stimmig sei, sich überlegt, was denn der Partner am liebsten von ihr hätte.

Dieses Problem der abgeleiteten Identität ist ein weit verbreitetes Problem unter Frauen und meines Erachtens ein sehr wichtiger Grund, warum viele Emanzipationsbemühungen keinen Erfolg haben und Frauen sehr oft weder sich selbst wirklich schätzen noch andere Frauen. Wie schwierig es ist, keine Spielchen zu spielen, betont eine 52-jährige Frau:

»Also beim Mann ist es eben so, dass im Hintergrund immer die Sexualität auf der Lauer liegt, und das heißt dann auch, zum einen möchte man gerne attraktiv sein, und ich stehe dann so unter einer Spannung und möchte gefallen oder fange an, mich zu produzieren oder so – also das war früher so, jetzt bin ich Gott sei Dank darüber hinaus … Oder auch dies – woran ich mich auch ein Leben lang abgerackert hob – so dieser Überlegenheitsanspruch, gegen den ich mich immer wieder behaupten zu müssen meinte, oder auch dieses Mir-helfen-Wollen, was ich lästig fand …

Wo ich immer wieder sagen musste: ›Verdammt noch mal, ich kann das schon alleine, und wenn ich Hilfe brauche, dann sage ich es schon.‹«

Offenbar ist es für Frauen eine große Verführung, den Männern gefallen zu wollen, auch um den Preis, dass sie dabei ihre Identität verlieren, oder sehr viel von ihrer Kompetenz dabei verleugnen. Kompetenz ist aber auch ein Aspekt der Identität. Es ist das Bestreben der Frauen, sich nicht mehr zu verraten um den Preis des Gefallens, und das scheint bei den Beziehungen zu den Freundinnen in einer selbstverständlichen Weise möglich zu sein.

Männer und Frauen scheinen also auf der Suche nach der eigenen Identität zu sein, der originären Identität, der nicht abgeleiteten Identität – und das ist gut so. Vielleicht ist das eine Möglichkeit, dass Beziehung zwischen den Geschlechtern dann doch wiederum möglich wird. Für die Frauen heißt es primär, dass sie sich bewusst werden darüber, dass in unserer Gesellschaft die abgeleitete Identität noch immer als wertvoll, als naturgewollt, als »normal« hingestellt wird.

Kommt ein Mädchen in die Adoleszenz, dann wird zunächst der Vaterkomplex, in seinem allgemeinen Aspekt, aktiviert. Dieser Vaterkomplex ist natürlich immer auch überlagert durch das persönliche Erleben des Mädchens mit seinem Vater. Das heißt: Männer werden interessant, Lebensqualitäten, die im Zusammenhang mit dem Vater erlebt wurden, werden in der Projektion auf Freunde in einer neuen, etwas abgewandelten Form erlebt, oder in einer anderen Sozialisationsform mehr auf geistiges und intellektuelles Leben übertragen; beide Sozialisationsformen sind mit einer Faszination verbunden. Diese zwei Sozialisationsformen können gemeinsam auftreten, in der Regel aber haben wir auf der einen Seite die Mädchen, die sehr früh einen Freund haben und die Paarbeziehung leben, auf der anderen Seite die, die sich dem intellektuellen Leben verschreiben, in einer geistigen Welt sich bewegen, in der Inspiration, Religiosität, Politik oder auch einfach die Faszination des Intellekts und der Intelligenz eine große Rolle spielen. Je nach zugrunde liegendem Mutterkomplex sind diese Mädchen mehr oder weniger körperfern in dieser Phase.

Bei beiden Sozialisationsformen – und auch dann, wenn sie verbunden werden können – bleiben die Bindungen an den Vater und an den Vaterkomplex erhalten. Die Auseinandersetzung mit dem Vaterkomplex wird vom Mädchen gar nicht gefordert, denn in der Identifikation mit dem Vaterkomplex kann es die von ihm sozial geforderte Rolle gut erfüllen: Entweder hat sie einen Freund

und wird bald Hausfrau und Mutter – und sie wird nicht zu viel Eigenwillen ihrem Mann entgegenstellen –, oder sie lebt in der intellektuellen Welt, meist identifiziert mit der Vaterrolle, und bewährt sich dort. Nun ist natürlich gegen beide Rollenfindungen nichts einzuwenden, wenn sie wirklich aus einem eigenen Entschluss heraus erfolgen, wenn sie nicht einfach einem Entwicklungsstillstand entsprechen, der bewirkt, dass eben keine eigene Identität gesucht wird, sondern eine verschriebene Identität übernommen wird.

Es gibt immer wieder zu Erstaunen Anlass, wie Frauen, deren Ichkomplex mit dem Vaterkomplex identifiziert ist, sehr gut wissen, wie man sich in dieser Welt benimmt, wie man zugreift usw. Erfolgen dann in diesen Leben emotionale Einbrüche, wie Trennungen, Ablösungen der Kinder, sind diese Frauen hilflos, fühlen sich leer, zerstört, können sich selber auch gar nicht verstehen, waren sie doch bis jetzt gut mit dem Leben zurechtgekommen und auch immer so vernünftig gewesen! Wenn die Auseinandersetzung einer Frau mit ihrem Vater- und Mutterkomplex nicht stattgefunden hat und der Vaterkomplex auf den Freund übertragen worden ist, kann die Frau in der Rolle einer Tochter bleiben über lange Zeit. Sie ist dann nicht die Partnerin, sondern insgeheim die Tochter ihres Mannes. Auch das ist eine Form der abgeleiteten Identität, die gesellschaftlich zunächst nicht als solche problematisiert wird, sondern eher als erwünscht gilt, denn damit werden die herrschenden Strukturen gestärkt.

Solange die Männer und das Männliche als wertvoller gelten in unserer Gesellschaft, wird diese »Entwicklung« auch nicht in Frage gestellt werden, denn die Frauen haben so Anteil am Wertvollen, sie holen sich so die Erfüllung, die sie aus sich selbst nicht zu haben meinen.

Die Rollenforderung kann also quer zur Identitätsfindung der Frau stehen, zumindest kann sie die geforderte Rolle erfüllen, ohne eine autonome Identität suchen zu müssen. Sie fühlt sich als »richtige Frau« und muss nicht danach fragen, was das eigentlich ist, weil sie ihre Rolle erfüllt. Dass sie keine eigene Identität hat, fällt dabei nicht auf.

Die Gefahr, eine abgeleitete Identität zu kultivieren, scheint in der Adoleszenz besonders groß zu sein, ausgerechnet in dieser Aufbruchsphase, in der so vieles neu werden kann. Das muss aber dann nicht so bleiben:

»Ich habe das Gefühl, dass so meine eigene Veränderung oder Entwicklung im letzten halben Jahr auch viel damit zu tun hat, dass ich so viel

mit Frauen zusammen bin. Dass auch immer wichtiger für mich wird, was die Frauen dazu sagen, was sie zu bestimmten Sachen meinen. Und dass es immer unwichtiger wird, was Männer dazu sagen.« (25 J.)

Hier wird deutlich zum Ausdruck gebracht, dass die Orientierung an den Frauen noch etwas anderes einbringt als die Orientierung an den Männern, dass die Hoffnung besteht, durch die Orientierung an den Frauen eine andere Erfahrung von sich selbst machen zu können, weil die Freundinnen die Frauen anders spiegeln, als die Freunde dies tun, und diese Spiegelung eher dazu führt, die originäre Identität zu finden, als dies durch das Spiegeln durch einen Mann, durch einen Menschen des anderen Geschlechts, möglich ist.

Auch wird immer wieder betont, dass in der Beziehung zu Frauen eine gemeinsame Erfahrung von Freuden und Leiden des Frauseins geteilt werden kann.

»Gerade in letzter Zeit setzte ich mich viel mit meiner Rolle als Frau auseinander; auch mit den Freundinnen. Und ich glaube nicht, dass es so mit Männern ginge, einfach weil ich glaube, die können das nicht so verstehen oder beurteilen, wie man sich so als Frau fühlen kann. Ich finde

das einfach gut, dass ich bei so Sachen, die ich bis jetzt als individuell eingeschätzt habe, dann erkenne … (dass das) damit zusammenhängt, dass ich eine Frau bin …« (29 J.)

Die Folge aus diesen gemeinsamen Erfahrungen wird als »Frauensolidarität« bezeichnet:

»Ich hatte auch während der Ehe Freundinnen, aber die haben nicht die Bedeutung für mich gehabt wie in der Zeit jetzt nach der Ehe. Es ist eine sehr wichtige Erfahrung für mich, die ich vorher in dem Maße nicht gehabt habe … Das ist ein total anderes solidarisches Gefühl. Es sind sehr viele Sachen, wo man sich nicht mehr als alleinige Versagerin vorkommt, sondern es wiederholen sich viele Dinge bei anderen Frauen auch. Man erkennt die Historie von Frauen, die uns jahrhundertelang auf dem Buckel liegt, mit der alle (Frauen) sehr ähnliche Probleme haben, was ein ganz besonderes Gefühl untereinander abgibt … So Dinge wie Emanzipation, ein anderes Denken, meine Aversion, meine Verletztheit durch Machismo, diese Dinge teile ich auch mit den anderen Frauen … unsere gemeinsame Geschichte, unser gemeinsames Frausein verbindet … Dass man dann plötzlich auch gemeinsam seine eigenen Kräfte wieder spürt und sie nicht dauernd ver-

leugnen und sich nicht dauernd dafür schämen und sie unter den Scheffel stellen muss, weil sie eventuell einen Mann verletzen könnten. Das ist auch schon sehr interessant, dass wir uns gegenseitig sehr viel Kraft geben und die Kräfte auch wieder deutlich werden, die jede Einzelne hat.« (61 J.)

In der Beziehung zu den besten Freundinnen wird ein Stück Frauengeschichte aktualisiert; indem man miteinander Erfahrungen austauscht, wird auch deutlich, dass das nicht einfach Einzelerfahrungen sind. Dadurch wird der Selbstwert der einzelnen Frau wiederhergestellt, und damit im Zusammenhang kommen auch die »Kräfte« wiederum zurück, wie es diese pensionierte geschiedene Frau ausdrückt.

Einerseits geht es um Stärkung des Selbstwertgefühls durch die Identifikation mit Frauen, die auch unterwegs sind, um ihr Frausein in eigener Verantwortung zu definieren. Andererseits geht es um Anreiz zu Entwicklung. Bei diesem Thema wird auch konkret deutlich, was denn eigentlich der Anreiz zum Selbstsein durch die Freundinnen bei den einzelnen Frauen bewirkt.

Da wird etwa der Anreiz zur Entwicklung darin gesehen, dass beide gleiche Verhaltensmuster haben, die sie aneinander aufregen. Dadurch, dass sie miteinander sprechen, werden ihnen diese Verhaltensmuster auch bewusst. Oder Frauen entdecken Persönlichkeitszüge an ihrer Freundin, die sie selber nicht haben, die aber faszinieren. Diese anderen, faszinierenden Persönlichkeitszüge fordern heraus, entweder können sie diese auch entwickeln, oder sie erleben sich als die andere, akzeptieren ihr Anderssein – auch das eine Entwicklung.

»Sie (die Freundin) ist mir wichtig, um eine weibliche Identität zu finden. Also in dem, was ähnlich oder auch anders ist.« (29 J.)

Immer wieder suchen Frauen nach Frauenbildern, die von Frauen erfunden sind und nicht von Männern. Möglicherweise ist dieses Bedürfnis nach den »Frauenbildern« von Frauen, an denen sie sich dann wieder orientieren könnten, geradezu eine Falle – es sind wiederum »fertige« Bilder. Möglicherweise gehört es aber gerade zur weiblichen Identität, dass die jeweiligen Gefühle ausgedrückt werden, die Betroffenheit, und dass die einzelne Frau dadurch zu sich selbst kommt. Dabei geht es in keiner Weise um »Gefühlsduselei«, wie entwertend in diesem Zusammenhang oft gesagt wird, es geht auch nicht darum, die Frau auf ihr Gefühl zu reduzieren, es geht darum, dass sie ihre Selbstwahrnehmung in der jeweiligen Situation, sei dies eine freudvolle, sei es eine leidvolle, in möglichst umfassender Weise ausdrücken und darstellen kann und sich damit ihre eigene Identität punktuell erschafft. Das geht mit Mitteln des Gefühls, des Intellekts, aber auch durch sinnenhafte Darstellung des Erlebens, etwa durch Tanz etc.

Die Sehnsüchte der Frauen gehen aber dennoch über diese Selbstaktualisierung – ein wichtiger Aspekt des Selbstwertgefühls und der Identität – hinaus: auf ein Sehnsuchtsbild, wie sie als Frauen sein könnten, eine Vision des Frauseins.

»Wenn ich so meine eigenen Träume und Wünsche als Frau verstärkt finde, wenn ich sie bei der Freundin auch finde, das wertet auf und stärkt …« (28 J.)

Dass es nicht nur um Entwicklung durch Eigenschaften und Fähigkeiten geht, die die Freundin hat und die herausfordern, sondern dass es auch um Entwicklung von tieferen Aspekten der Weiblichkeit geht, ist immer dort spürbar, wo die Frauen davon sprechen, dass sie fasziniert sind von der Freundin – und auch Angst haben vor dieser Faszination.

Oft wird die Alltagsebene beschrieben, die

Ebene der Frauensolidarität, die es überhaupt ermöglicht, sich selbst als wertvoll, als eigenständig, unabhängig von den Männern zu erleben, und deshalb dann vielleicht fähiger zu Beziehungen zu ihnen: Frauen mit einem originären Selbst, die in einer Welt leben, in der Frauen immer noch idealisiert oder entwertet werden, und die entschlossen sind, aneinander zu wachsen, in einer Frauensolidarität zu stehen und sich ruhig und unbeirrbar ihren Wert selbst zuzusprechen und sich auch klar darüber zu werden, welche großen Werte in diesen Frauenbeziehungen stecken, die ja doch oft noch belächelt werden.

Es gibt aber noch eine tiefere Ebene, auf der die Freundin auch die faszinierende, unbekannte Fremde in unserer Psyche verkörpern kann – eine Form der Anima, die uns, überlassen wir uns den Phantasien, auch zu geheimnisvollen, faszinierenden und ängstigenden Seiten in unserer Psyche führt. Dieses Erleben kann uns erst recht das Gefühl geben, wirklich ein unverwechselbares Selbst zu haben, das auch immer neue, faszinierende und ängstigende Seiten an uns entbirgt, und uns möglicherweise auch zu den Frauenbildern führen, die wirklich uns selbst ausmachen. Einfach übernehmen können werden wir diese Anima-Bilder nicht, aber es lohnt, sich mit ihnen auseinander zu setzen.

Warum es Frauen sein müssen

Viele Frauen betonen, dass sie sich mit Frauen leichter verständigen können, sich besser verstanden fühlen als von den Männern und intensivere Gespräche führen können, ohne um ihren Raum kämpfen zu müssen. Er kann manches vielleicht nachvollziehen, aber nicht nachfühlen …

Eine 26-jährige Frau mit einer Liebesbeziehung zu einem Freund sagt:

»Ich habe noch keinen Mann getroffen, der genauso oder sehr, sehr ähnlich empfindet wie ich. Da bleibt immer ein Unterschied. Gerade in Erfahrungen, auch mit Männern oder auch mit dieser Gesellschaft, oder auf den Ebenen, die dann ins ganz Persönliche hineingehen … das kann ich einem Mann auch erzählen, und der kann es vielleicht nachvollziehen, aber nie so nachfühlen wie eine Frau – nicht jede Frau, aber die Frauen, mit denen ich viel zu tun habe, und meine Freundinnen schon. Ich kann mich mit einer Frau, auch mit einer, wo ich nicht so eine intensive Freundschaft habe, ganz anders unterhalten, weil da

meistens eine andere Offenheit oder ein anderes Erzählen und Zuhören ist … Also ich weiß jetzt nicht, wie ich das benennen soll … es ist auch eine andere Atmosphäre. Es ist mit Frauen schneller eine wärmere Atmosphäre.«

Die Aussagen der Frauen gehen dahin, dass Männer nicht ähnlich empfinden wie Frauen, durch die Sozialisation nicht die gleichen Erfahrungen machen, dass unter Frauen aber auch das Gespräch offener ist und sich diese »wärmere Atmosphäre« einstellt, die für Frauen sehr wichtig zu sein scheint, um gerade diese gefühlvollen Gespräche führen zu können. Gefühlsmäßig nicht verstanden zu werden, allein gelassen werden, wird in vielfältiger Weise ausgedrückt.

Gehen die Männer nun den Fragen, die mit dem Gefühlsbereich zu tun haben, einfach aus dem Weg – oder haben sie diese Empfindungen gar nicht, wie diese Frau mutmaßt – »dafür sind es eben Männer« –, ein reichlich dunkler Satz, bedenkt man ihn richtig. Spricht sie einem Teil der Menschheit einfach den Zugang zum Gefühlsbereich ab? Und ist sie damit letztlich auch – zwar etwas resigniert – doch einverstanden? Ist es eben so?

Die Interessen der Frauen scheinen sich nicht mit denen der Männer zu decken. Das führt dann auch dazu, dass einige Frauen deutlich zum Ausdruck bringen, sie könnten ihren ideellen oder geistigen Hintergrund nicht mit ihrem Freund teilen.

Stellvertretend mag die folgende Aussage einer 29-jährigen Frau mit einer Liebesbeziehung zu einem Mann stehen:

»Ich fühle mich da (bei meinen Freundinnen) meistens besser verstanden. Einfach, weil ich mit meinen Freundinnen mehr gemeinsamen Lebenshintergrund hab als mit meinem Freund. Bei ihm hab ich oft das Gefühl, wir kommen aus verschiedenen Welten. Das ist nicht so, dass wir uns keine Mühe geben, uns zu verstehen, nur es ist eben viel schwieriger ... Ich spreche schon auch bei meinem Freund alles an, aber oft habe ich das Gefühl, er hat nicht mal eine Ahnung von dem, was ich eigentlich erlebe, und umgekehrt ist das genauso. Ich brauche dann auch immer lange, um überhaupt einen Zipfel davon zu verstehen.«

Aus verschiedenen Welten kommen, Mühe haben, diese Welten einander verständlich zu machen, obwohl die beiden miteinander noch versuchen, sich ihre Welten zu erklären – hier wird eine große Distanz, ein Fremdsein, ein Gefühl von Anderssein deutlich, das bei der besten

Freundin gerade nicht vorhanden ist: Da sind dieselbe Welt, derselbe Hintergrund, dieselben Gefühle.

Eine 36-jährige Frau, die in einer Liebesbeziehung zu einem Mann steht, sagt:

»Also, ich kriege von Frauen eigentlich das, was ich mir von Männern oft wünsche, diese Intimität, dieses Verstehen, manchmal ohne Worte, ohne große Erklärung, das ist eben mit einem Mann schlecht möglich. Ich kenn nur ganz wenige, wo das ansatzweise möglich ist. Und gerade mit den beiden Frauen ist das toll.«

Intimität, ein Verstehen ohne Worte, das erinnert an Menschen, die sich in einer symbiotischen Phase befinden, gegenseitig ein »Wir-beide-Gefühl« aufbauen, ohne dieses zu benennen. Ich sehe darin eine Fähigkeit der Frauen, immer wieder auf befriedigende Beziehungserlebnisse, die auch symbiotischen Charakter haben, zurückgreifen zu können, um den Anforderungen des Alltags und ihrer Selbständigkeit besser gewachsen zu sein. Diese enge Verbundenheit fehlt denn auch einigen Frauen in ihrer Liebesbeziehung zu einem Mann.

Es fehlt weiter auch Verständnis: Nicht nur haben die Frauen das Gefühl, dass die Männer sie nicht verstehen, zum Teil auch nicht zuhören, wenn sie was sagen – was eher auf eine Entwertung der Frau hinweisen würde als primär auf die Unfähigkeit, das andere Geschlecht zu verstehen –, es fehlt auch das Erleben, dass Männer verständnisvoll sind.

Zusammengefasst wird das Problem von einer verheirateten 47-jährigen Frau:

»Von der Empathie her geht es halt mit einer Frau schneller, es ist nicht so viel Vorarbeit zu leisten, so viel verbales Bemühen, erst einmal da hinzukommen zu dem anderen, das geht mit der Freundin ›zack‹, dann sind wir auf derselben Wellenlänge … Es ist halt was Schwesterliches, und beim Mann ist es halt immer – also ich polarisiere es jetzt mal so, weil ich eben auch in einer festen Beziehung lebe –, beim Mann ist es immer der andere, der halt da auch aus der männlichen Sichtweise eher was Entgegengesetztes bringt, also eine andere Sichtweise – was mir auch wichtig ist, aber bei den Frauen ist es eben dieses, ja wir haben einfach andere Grundlagen. Es ist so, wie ich es mit dem Begriff ›schwesterlich‹ ausgedrückt habe, so als ob wir aus demselben Stall kämen, also die gleiche Sozialisation hätten. Wir haben ja auch die gleichen Defiziterfahrungen.«

Diese Aussage macht nachdenklich. Gewiss bringt die gleiche Sozialisation, die gleiche Defiziterfahrung viel Gemeinsamkeit, auch Anlass zu gemeinsamer Wut, zu gemeinsamer Anstrengung zur Bewusstwerdung und zur Veränderung, dennoch ist es nicht möglich, dieses Phänomen, dass Frauen so sehr viel mehr Nähe zulassen können, nur aus der Sozialisation zu erklären, oder aber auch die Distanz zum Mann durch die verschiedene Sozialisation. Auch klingt der Satz an: Der Mann ist einfach das Gegenteil von der Frau; ein Satz, den wir in der Psychologie, und besonders in der Tiefenpsychologie, energisch verwerfen. Es geht darum, die Psychologie und die Entwicklungswege von Frauen und Männern gesondert zu beschreiben, die beiden Geschlechter in ihren Stärken und ihren Schwächen zu sehen – aber ich meine auch, dass durchaus jedes Geschlecht auch Seiten an sich selbst entwickeln könnte, die noch im Dunkeln liegen.

Entwicklungspsychologisches

In diesem Zusammenhang drängen sich entwicklungspsychologische Überlegungen auf. Das kleine Mädchen wird, wenn es sich mit seiner Geschlechtsidentität auseinander setzt, feststellen, dass es zum gleichen Geschlecht gehört wie die Mutter. Es kann sich mit der Mutter identifizieren und erlebt also ein Gefühl der Identität aus der Identifikation mit der Mutter. Je nachdem, wie die Mutter und weitere weibliche Pflegepersonen erlebt worden sind, ist Frausein primär in Ordnung, attraktiv, gut, oder eben problematisch.

Erste Liebesperson im Leben eines Mädchens ist die Mutter, und Intimität bringt für das Mädchen keinen Identitätsverlust, sondern einen Identitätsgewinn. Das gilt nicht nur für das kleine Mädchen, das gilt auch für die erwachsene Frau. Es gibt, auch wenn man sich Männern zuwendet, keinen Grund, diese erste Liebesperson zu verlassen, also nicht zusätzlich sehr befriedigende, emotionale Beziehungen zu Frauen zu haben.

Bindung und Identitätsbildung verschmelzen bei der Frau miteinander. Das bewirkt, dass in diesem früheren Selbstbild die Basis für Empathie gelegt wird. Das Mädchen kann Bedürfnisse und Gefühle eines anderen Menschen wie die eigenen empfinden. Das heißt nun keineswegs, dass die Ichgrenzen eines Mädchens schwächer wären als die eines Knaben, vielleicht aber elastischer. Da Bindung und Identität zueinander gehören, einander gegenseitig begründen, werden vom Mädchen und später auch von den Frauen Beziehungsmuster des Verschmelzens, Sehnsüchte nach Verschmelzen offen zugegeben. Sie müssen nicht verleugnet werden. Damit sind aber Wege zu Freude, Inspiration, Rausch und Ekstase für Frauen offener.

Die Schwierigkeit des Entwicklungsprozesses für ein Mädchen besteht darin, dass sich sein Ichkomplex aus dem Mutterkomplex ablösen muss, ohne dass es sich als »ganz anders« als die Mutter, wie es für den Knaben möglich ist, definieren könnte.

Die Auseinandersetzung der Mädchen und Frauen mit der Mutter muss deshalb sehr achtsam erfolgen, besonders auch das Auseinanderhalten von persönlichen und archetypischen Mutteranteilen im späteren Leben. Aus dieser schwierigen Abgrenzung von Ichkomplex und Mutterkomplex, die auch immer wieder zur Regression einlädt, entsteht unter anderem auch die Gefahr einer Bindung an den Vaterkomplex oder einer Animus-Identifikation, verbunden mit einer abgeleiteten Identität, diese verstanden als Abgrenzung zum Mutterkomplex hin, eine totale Abgrenzung, wie sie die männlich geprägte Psychologie immer wieder forderte und die für die Frau nicht erstrebenswert ist. Abgrenzung ist aber immer wieder wichtig, weil die Frau sonst leicht im Bereich des vom Mutterraum Geprägten bleibt und so auch nicht zu einer eigenen originären Identität findet.

Sie hat dann nicht eine abgeleitete Identität, sondern eine unterentwickelte.

Die Entwicklung des männlichen Kindes zur Identität verläuft indessen über die Abgrenzung von der Mutter: Er ist ganz anders als die Mutter, hat an ihr aber Anteil, indem er sie liebt. Das Erleben von Identität ist also viel eher mit Trennung, mit Unterscheidung verbunden als mit Identifikation. So ist auch primär weniger eine Basis für Empathie vorhanden, obwohl natürlich auch das männliche Kind immer einmal in symbiotischer Verbindung mit der Mutter und später auch mit dem Vater steht. – Einen entwicklungspsychologischen Grund, so wenig empathisch zu sein, gibt es nicht für die Männer.

Das Selbstbild der Frauen

In ihren Äußerungen, warum sich Frauen von Frauen besser verstanden fühlen als von Männern, entwerfen Frauen unbeabsichtigt ein Selbstbild, ein idealisiertes Selbstbild natürlich. Wichtig aber ist zu bedenken, dass diese weiblichen Qualitäten vor allem in der Beziehung zur besten Freundin zum Tragen kommen, oder zu den besten Freundinnen, nicht einfach im Verhältnis der Frauen untereinander ganz allgemein.

Das bedeutet nun natürlich nicht, dass es diese Qualitäten nicht gäbe, dass sie nicht immer wieder erlebt würden. Es wäre aber meines Erachtens falsch, würde man darüber die Schattenseite, die immer die Kehrseite eines Ideals ist, außer Acht lassen, und würde man diese Qualitäten auf weibliche Beziehungen ganz allgemein übertragen, ohne dabei an die besondere Qualität der Beziehung zu denken.

Wie sieht nun dieses Selbstbild aus?

Frauen können sich leicht verständigen miteinander und sind auch verständnisvoll, verständnisbereit. Sie sind fähig zu tiefem, intensivem, intimem Kontakt, empfinden ähnlich, sind empathisch, verstehen gelegentlich einander auch ohne Worte und geben einander Raum, sie respektieren Grenzen – sie sind gewaltlos. Sie haben ein Interesse für Persönliches, vor allem auch für Freuden und Leiden von Beziehungen, sie sind offen, verdrängen weniger, hören auf sich selbst und hören auch den Freundinnen zu. Zugewandt gelingt es ihnen, eine warme Atmosphäre der Ermutigung und der Akzeptanz zu schaffen. Es fällt ihnen leicht, sind sie unter sich, sich auszudrücken, und sie tun das auch, diskutieren Dinge wirklich aus.

Und es bleibt die Frage: Wo ist der Schatten? Wird er etwa auf die Nicht-Freundinnen projiziert?

Die Abgrenzung von der Freundin

In Beziehungen, in denen so viel Nähe möglich ist, so viel Erleben auch an Identifikation, muss Abgrenzung ein Thema sein, gehört es doch ganz wesentlich zu unserer Identität, dass wir Grenzen haben und selbst Grenzen setzen, weil wir uns von anderen unterscheiden und uns weder grenzenlos für sie einsetzen noch verausgaben können. Wir müssen uns auch in unserer Begrenztheit einrichten.

Grenzen haben

In der Regel vermittelt uns unser Körpergefühl, dass wir eigenständige Wesen sind, eine eigene Haut haben, in der wir uns auch entsprechend wohl fühlen, die aber niemals die Haut eines anderen Menschen sein kann, außer vielleicht in den intensivsten sexuellen Erlebnissen, bei denen vorübergehend die Unterscheidung von deiner Haut und meiner Haut aufgehoben ist. Das heißt aber auch, dass die natürliche Abgrenzung, die uns gegeben ist, auch überschritten werden kann, dass wir »ganz aufgehen« können in einem anderen Menschen. Und dennoch werden wir uns auch immer wieder auf uns selbst zurückbesinnen müssen. Ich – mit meinem Körper, meiner Befindlichkeit, meinen Stimmungen, Gedanken etc., kann zwar mit anderen Menschen teilen, und andere Menschen haben auch einen nicht unbeträchtlichen Einfluss darauf, aber letztlich muss ich allein damit leben. Das abgegrenzte Ich weiß sich zu unterscheiden von den Ichs der anderen Menschen und kann deshalb auch von einem Du sprechen.

Dieses Sich-Abgrenzen bedeutet nicht selten, die eigene Befindlichkeit wahrzunehmen und auszudrücken – im Gegensatz zur Befindlichkeit eines Du. Ich kann mich ängstigen, während ein anderer Mensch mir weismachen will, es gebe keinen Anlass zur Angst. Es wäre verführerisch, die eigene Wahrnehmung zu opfern, in die Angstlosigkeit des Du miteinzuschwingen, denn das würde nur vorübergehend Erleichterung bringen, solange nämlich dieses Du aktiv in der Beziehung ist – und es hieße auch, dass ich mich nicht ernst genommen, einen Teil der eigenen Identität preisgegeben hätte.

Grenzen haben heißt auch, sich in einen Gegensatz stellen zu können, zu anderen Menschen, zu Einflüssen aus der Herkunftsfamilie (Elternkomplexe), sich auch in einen Gegensatz stellen zu können zu einem Angsttraum etwa oder zu einer heiligen Überzeugung, zwar wissend, dass dieser Angsttraum und diese heilige Überzeugung zu mir gehören, dass ich mich aber auch als beobachtendes Gegenüber und möglicherweise eingreifendes Gegenüber sehen kann. Das ist die relative Autonomie des Ichs.

Grenzen setzen

Grenzen zu haben bedeutet auch, dass diese Grenzen beachtet werden müssen, man muss gelegentlich auch Grenzen setzen. Dabei geht es keineswegs um starre Grenzen, sondern es sind mobile Grenzen, die deutlich von den Beziehungen, den Einwirkungen auf unseren Ichkomplex durch die Beziehungen und die aktuellen eigenen Bedürfnisse immer neu gesetzt werden. Es gibt Situationen, in denen wir uns »zu verlieren drohen«, in denen also die Abgrenzungen notwendiger sind, z.B. in allen Krisensituationen und Umbruchsituationen, in denen sich unser Ich-Komplex umstrukturiert.

Grenzen zu setzen wird bei uns als ein Akt der Entschlossenheit gesehen, als ein aggressiver Akt, wird da doch sehr deutlich die eigene Position neben die eines anderen Menschen gesetzt. Die Angst, die damit verbunden ist, ist die Angst vor Liebesverlust, weil wir überzeugt sind, dass uns eine Beziehungsperson nur liebt, solange wir ihrer Ansicht sind, ihre Gefühle teilen. Es zeigt sich hier, wie weit wir noch deutlich von Kindheitserlebnissen geprägt sind in dem Sinne, dass das Einnehmen einer »eigenen Position« Liebesverlust zur Folge hatte, etwa im bekannten Trotzalter, oder ob wir das Erlebnis der Distanz, die sich immer einstellt, wenn sich ein Mensch abgrenzt, mit dem man sich gerade in glücklicher Übereinstimmung befunden hat, mit Feindseligkeit assoziieren, mit Liebesverlust.

Eigentlich müsste das nicht so sein: Es gehört zu den menschlichen Beziehungen, dass sich dann, wenn wir uns so sehr aufeinander einlassen – das gilt am ausgeprägtesten für die Liebesbeziehungen – so etwas wie ein Beziehungsselbst konstelliert. Man hat sich dieses gemeinsame Selbst als die Summe der Erfahrungen und Phantasien vorzustellen, die gegenseitig durch die Beziehung geweckt worden sind und dann auch zum Teil gelebt werden. Es geht dabei aber nicht nur um die aktuelle Beziehung, sondern es geht auch um Bilder von Ganzheit, die relativ unbewusst die Ideale der Beziehung prägen (Animus- und Animabilder) und in denen Entwicklungspotenzen von beiden Menschen angelegt sind. Dieses Beziehungsselbst ist immer mehr als das individuelle Selbst, aber auch weniger als dieses; das Beziehungsselbst kann dieses individuelle Selbst nicht ganz umfassen.

Auch wenn die Beziehungen zur besten Freundin keine Liebesbeziehungen im engeren Sinn sind, entsteht trotzdem das Erleben von einem Beziehungsselbst, nicht zuletzt auch durch das Erleben einer großen Kontinuität. Auch die Freundinnen müssen sich immer wieder vom Beziehungsselbst auf das individuelle Selbst zurückorganisieren. Beziehungen leben von diesem Zusammenwirken von Symbiose und Individuation, weil gerade aus der Individuation heraus wieder neue Aspekte in eine neue Symbiose eingebracht werden können – und sich so Selbstwerdung und Beziehung einander optimal ergänzen.

Die aktive Abgrenzung, das Grenzen setzen, gehört zu dieser Rückorganisation auf das individuelle Selbst. Wird nun die Symbiose als besonders erstrebenswert angesehen, ist das Sich-Abgrenzen schwierig, wirft es uns doch auf uns selbst zurück und ist zugleich auch Prüfstein dafür, ob die Anregung zur Selbstwerdung, die durch die Beziehung zur besten Freundin möglich geworden ist, auch taugt, oder ob Stärke hier nur durch Identifikation gefunden worden ist und diese Identifikationsphase nicht übersteht, also nicht wirklich zu etwas Eigenem geworden ist, nicht eigene Stärke in der Psyche ausgelöst hat.

Mit unseren Grenzen rechnen

Zum Sich-Abgrenzen gehört auch, mit unseren Grenzen zu rechnen, uns also nicht grenzenlos zu verausgaben, was auch heißt, uns grenzenlos zu übernehmen. Gerade weil das Helfen so wichtig ist bei Freundinnen, sie ihren Selbstwert nicht nur daraus beziehen, dass sie helfen, sondern auch daraus, dass ihnen geholfen wird, bekommt die Kultur der Hilfsbereitschaft einen hohen Stellenwert unter Freundinnen und kann dazu führen, dass die eigenen Grenzen nicht mehr gesehen werden, so dass dann die beste Freundin, die eigentlich hilft, das Leben besser zu bewältigen, zu einer großen Belastung wird. Es scheint mir wichtig zu sein, dass wir auch achtsam werden auf die eigene Bedürfnisse, nicht nur auf die der besten Freundin – das hieße, mit der eigenen Grenze zu rechnen. Das heißt aber auch, sich selbst nicht zu überschätzen. Frauenleben pendeln oft eigentümlich zwischen Selbstunterschätzung und Selbstüberschätzung.

Neid, Rivalität und Eifersucht in der Freundschaft

Neid, Rivalität und Eifersucht spielen eine große Rolle auch in der Beziehung zu den besten Freundinnen.

Neid, dieses quälende Gefühlsgemisch von Missgunst, Wut, Hass, Ohnmacht, Verzweiflung, Hilflosigkeit angesichts des Seins oder des Erfolges einer anderen Person, kann verschiedene Intensitäten haben. Man kann den Neid deutlich wahrnehmen im Sinne: Das möchte ich aber auch, oder: Das ist ungerecht, dass der das so leicht fällt, und ich muss mich so anstrengen; und Neid kann außerordentlich quälend sein, zu Phantasien der Zerstörung des Neiderregers oder der Neiderregerin führen.

Wann immer möglich, verdrängen wir den Neid, er zeigt sich dann aber daran, dass beneidete Menschen entwertet werden, sich selbst idealisiert man dabei oft. In einer Beziehung ist moderater Neid nicht zu umgehen, sonst wäre man sich auch nicht gegenseitig Ansporn. Quälender Neid aber vergiftet Beziehungen und hindert die Menschen gerade daran, aneinander zu wachsen, auch zeigen zu dürfen, wo sie ihre Stärken haben

– etwas, das in der Beziehung zur besten Freundin einen wichtigen Stellenwert einnimmt. Nicht quälender Neid sollte erlebt werden, sondern moderater Neid – und moderat bleibt der Neid meistens dann, wenn die Frau ihn wahrzunehmen wagt, wenn sie ihn nicht verdrängt und wenn es möglich ist, mit dem beneideten Menschen ein Gefühl des «Wir« herzustellen. Dann können wir teilhaben an dem, was dieser Mensch hat, schafft, ist – ohne dass wir so richtig missgünstig zu werden brauchen, und wir können produktiv mit dem Neid umgehen.

Neid ist nicht nur ein Zeichen, dass wir nicht mit uns selbst einverstanden sind und gern »ein anderer« oder »eine andere« wären. Neid ist auch der Anruf an uns selbst, aus uns mehr zu machen, uns durch Neiderregendes aufstören zu lassen und uns die Frage zu stellen, ob wir nicht auch mehr machen könnten aus unserem Leben. Neid ist ein Anruf an unser Selbstsein, an unsere Individuation, er zeigt uns, dass wir unser Selbstsein erfüllen sollten, gehe es nun um Talente, die wir nicht realisieren, oder um Schattenseiten, die wir nicht zu leben wagen und die uns dazu bringen, Menschen insgeheim zu beneiden, die gerade die von uns so verachteten Seiten leben. Das gelingt uns leichter, wenn wir Anteil haben am Leben eines Menschen, der Neid erregt, wenn wir uns gemeinsam an etwas begeistern können. Dann wird aus Neid »tätiger Neid«, Rivalität. Auch sie kann mehr geprägt sein von produktivem oder destruktivem Neid. Ist mehr produktiver Neid in der Rivalität, äußert sie sich darin, dass zwei Menschen, die sich mögen, die einander gut sind, sich gegenseitig herausfordern, spielerisch, manchmal auch etwas verbissener, aber sie sind einander Ansporn auf den Gebieten, auf denen sie eben rivalisieren. Beim Rivalisieren, bei dem mehr destruktiver Neid dahintersteht, geht es dann letztlich doch darum, wer gewinnt und wer verliert, es geht um den Triumph des einen über den anderen.

Eifersucht ist wohl ein Name für die Kränkung, die wir erleiden, wenn wir etwas verlieren, auf das wir ein Exklusivrecht zu haben meinen, oder wenn die Möglichkeit besteht, dass wir es verlieren könnten. Es geht um Exklusivrecht – eifersüchtig sind wir überzeugt, dass nur ein Mensch den begehrten Menschen für sich haben kann, usw.

Beim Gefühl der Eifersucht spielen Neid und Rivalität eine große Rolle, sie sind Bestandteile der Eifersucht. Man hat, wenn man eifersüchtig ist, einen beneideten Rivalen oder eine beneidete Rivalin. Dazu kommt das Thema der Verlustangst, der Angst auch vor Verlassensein. Diese hängt nicht nur damit zusammen, dass wir uns dann allein fühlen, sondern auch damit, dass wir davon überzeugt sind, nicht liebenswert zu sein, und das ist ein Einbruch im Selbstwertgefühl. Zu Eifersucht neigen wir dann am meisten, wenn wir uns durch die Zuneigung eines anderen Menschen in einem hohen Grade bestätigen lassen, dass wir liebenswert sind, wenn wir sehr wenig fähig sind, uns selbst zu lieben.

Wir sind also dann besonders neidisch, wenn wir mit uns selbst nicht einverstanden sind, wenn wir eine schlechte Beziehung zu uns selbst haben, wenn wir nicht in Verbindung mit unserem originären Selbst stehen und dadurch in unserer Identität nicht sicher sind. Dieses Gefühl der Selbstunsicherheit kompensieren wir dann mit Gefühlen der Grandiosität: Entweder wollen wir dann alles haben – daraus erwächst die Gier, die mit dem Neid eng verbunden ist –, oder wir müssen alles zerstören.

Da wir, wenn unsere Beziehung zu unserem originären Selbst nicht erlebbar ist, uns fühlen, als ob wir keine Daseinsberechtigung hätten – oder als ob wir immer einen Anspruch auf grandiose Verwöhnung hätten, stehen wir in einem Zwang, uns ständig mit anderen Menschen vergleichen zu müssen. Dieses Vergleichen mit anderen Menschen, das ein normales menschliches Verhalten ist, wenn es nicht zwanghaft geschehen muss, hat den Sinn, sich der eigenen Identität zu vergewissern durch ständige Nähe und Abgrenzung zu den Menschen, mit denen man sich vergleicht. Das zwanghafte Vergleichen im Neid zeigt an, dass wir uns dringend unserer Identität versichern müssen, aber dieser Vergleich ist ein unglücklicher: Das eigene Selbst wird entwertet, das »fremde Selbst«, der Mensch, den wir beneiden, idealisiert. Alle Gaben von anderen Menschen, alle Leistungen werden gesehen durch die Brille des »Zu-kurz-komm-Komplexes«. Das ist auch richtig, denn unser Neid weist darauf hin, dass wir uns selbst irgendwo zu kurz kommen lassen – wir entwerten uns – und dass wir in Gefahr sind, zum Ausgleich statt Selbstliebe Selbstsucht zu entwickeln, wir kommen also noch einmal zu kurz. Sehr quälender Neid wird in der Literatur immer mit großer frühkindlicher Enttäuschung oder großer Verwöhnung in Verbindung gebracht, der Neid wird dann als Abwehr gesehen, um nicht Gefühle der Enttäuschung und der Trauer darüber akzeptieren zu müssen, dass es Unterschiede zwischen den Menschen gibt, dass man etwas, das man gerne hätte, nicht hat, etwas, das man gerne beherrschen würde, nicht beherrscht.

Gerade diese Gefühle sind aber sehr wichtig im Umgang mit destruktivem Neid: Stehen wir in einer dichten Beziehung zu einem Menschen, dann wird es uns mit Trauer erfüllen, dass wir ihm etwas neiden, dass wir Gefühle der Destruktion haben und diese ja nicht selten in die Tat umsetzen. Sind wir uns dieser Gefühle bewusst und können wir die Reue darüber zulassen, dass wir eben nicht so sind, wie wir gerne wären – ein ganz wesentlicher Akt der Selbstakzeptanz –, dann entwickeln wir Freude an dem, was andere Menschen sind und tun, Dankbarkeit dafür, dass es sie gibt, dass es diese Talente gibt, vielleicht auch ein Gefühl dafür, dass es sinnvoll ist, dass jeder Mensch möglichst viele Talente entwickelt, damit unser Zusammenleben reich ist und wir auch imstande sind zu überleben.

Die Beziehung zur besten Freundin ist anfällig für Neid, Rivalität und Eifersucht. Ihr ist die Frau nah, sie gleicht ihr – als Frau ganz besonders –, mit ihr kann und will sie sich vergleichen – von ihr ist sie aber auch verschieden –, an ihr kann im Spiel von Nähe und Distanz Identifikation und Individuation im Sinne der akzeptierten Unterscheidung vorangetrieben werden.

Die Beziehung zur besten Freundin ist aber auch sehr kostbar. Diese Nähe, diesen emotionalen Austausch, möchte keine so leicht aufs Spiel setzen. Die Freundschaft ist ja gerade ein Ort des Vertrauens, der Selbstwerdung. Die Beziehung zur besten Freundin erlaubt es ja gerade, mehr ich selbst zu sein, zum originären Selbst zu finden. – Und wiederum ist da auch die Bedrohung. Je weniger wir Kontakt haben zum originären Selbst, um so mehr werden wir in Gefahr sein zu neiden. Produktiver Umgang mit Neid ist also dringend angesagt.

Das Rivalisieren um die Aufmerksamkeit der Männer

Es scheint im Zusammenhang mit Neid zwei gegenläufige Entwicklungen zu geben: Die einen werden im Laufe ihres Lebens, je mehr sie ihr eigenes Leben leben, je mehr sie sich auch mit ihrer Endlichkeit abfinden – und das heißt nicht nur, dass man sich für sterblich hält, sondern auch, dass man sieht, dass trotz aller Bemühungen gewisse Eigentümlichkeiten der Persönlichkeit einfach zu gerade diesem je eigenen Leben gehören –, weniger neidisch, sondern immer mehr auch dankbar dafür, dass so viele Menschen etwas können, machen, teilen usw. Andere, und das sind im wesentlichen die, die sich mit sich selbst nicht einverstanden erklären können und sich von innen her auch nicht mit sich einverstanden erklären dürfen – weil das sozusagen die Bankrotterklärung wäre –, werden immer neidischer, entwerten die Mitmenschen, sind vor allem auch neidisch auf nachfolgende Generationen.

Es könnte auch sein, dass diese Frau es sich wünscht, nicht mehr so neidisch zu sein: Neid ist ein außerordentlich quälendes Gefühl, und es ist auch kein Gefühl, das gut akzeptiert ist. Wir wären lieber nicht neidisch, man hat nicht neidisch zu sein. Dass diese Frau allerdings den Neid verdrängt, unterstelle ich ihr nicht, warum sollte sie sonst im Nachhinein so präzis von ihrem Neid sprechen? Und vom eigenen Neid differenziert sprechen zu können heißt, ihn zu erkennen und ihn auch zu benennen, eine erste Voraussetzung, um mit ihm produktiv umzugehen.

Sehr deutlich wird bei dieser Aussage der Zwang zum Vergleichen, verbunden mit der Größenphantasie: Sie muss die Attraktivste sein, »alle sollen mich nett finden«. Mit solchen Größenphantasien verbunden ist die Hoffnung, dass sie dann, wenn sie wüßte, dass sie die Attraktivste, die Netteste ist, sich selbst akzeptieren könnte. Diese Hoffnung erfüllt sich nie, weil diese Menschen es gar nicht glauben könnten, würden andere ihnen zeigen, dass sie wirklich die Attraktivsten sind. Selbstsein heißt, sich mit Ecken und Kanten einverstanden zu erklären, die einen auch ausmachen, nicht hoffen, einmal so ganz und gar großartig zu sein.

Der Neid auf die Freundin zeigt sich auch darin, dass sie die Freundin entwertet: »Die stellt sich auch wieder in Pose«, und ihre Aussage, sie könne ja dasselbe machen, zeigt, dass sie um den Aufforderungscharakter des Neides weiß, das Beneidete selber zu verwirklichen. Davon, wie dieser Neid auf die Freundschaft wirkt, sagt die Frau nichts. Immerhin dauert ihre Beziehung zu ihrer besten Freundin schon etwa acht Jahre – der Neid konnte die Beziehung offenbar nicht zerstören.

Eifersucht auf beruflichen Erfolg

Die Rivalität zeigt sich auch auf der Arbeitsebene:

Eine 27-jährige Frau bringt einen handfesten Streit mit ihrer Freundin in Zusammenhang damit, dass sie die Arbeits- und die Beziehungsebene miteinander vermischt hätten und sie deshalb nicht mehr klargekommen seien:

»Und dann auch so alte Dinger, so Geschwisterrivalitäten, also Hanna hatte selber auch drei Geschwister, genau wie ich, und dann dieses Die-anderen-überrunden, überflügeln-Wollen, um wahrgenommen zu werden von jemand anders …«

Hier wird die Rivalitätssituation als Wiederholung der Geschwisterrivalität verstanden, wobei es bei dieser speziellen Geschwisterrivalität offenbar darum ging, wahrgenommen zu werden. Das könnte darauf hindeuten, dass die beiden Frauen bei ihrer Arbeit die jeweils andere nicht mehr wahrgenommen haben, nur noch sich selber, dass kein »Wir« mehr entstanden ist in der gemeinsamen Arbeit und dass deshalb das Rivalisieren kein spielerisches mehr war, das die beiden ja auch hätte stimulieren können, zu ihrer vollen Größe aufzulaufen, sondern ein Rivalisieren, das mehr von destruktivem Neid geprägt ist. Die Lösung, die diese Frau für sich parat hat, heißt: Beziehungsebene und Arbeitsebene müssen getrennt werden.

Manche Frauen betonen, dass sie bei der Freundin zu ihrer eigenen Stärke und Schwäche stehen können, sie auch zum Ausdruck bringen dürfen, und das heißt auch darin wahrgenommen werden. Mir scheint es ein Problem von Frauen zu sein, dass sie in ihrer Kindheit oft auf der Leistungsebene zu wenig wahrgenommen worden sind, im Gegensatz zu den Knaben, bei denen Leistungen wahrgenommen und gewertet werden. Vielleicht hat sich das unterdessen geändert, aber mir scheint, dass man heute noch vielen Frauen ihre Leistungen »lieb« machen muss, ihnen verstärkend zeigen muss, dass sie etwas geleistet haben, dass sie auch etwas leisten dürfen, dass sie Stärken haben, nicht nur, dass sie schön, lieb und nett sind. Und wo könnte das besser geschehen als in den Freundschaftsbeziehungen, in denen Gefühle der Konkurrenz zusammen mit starken Gefühlen der Verbundenheit auftreten, wodurch die Konkurrenz entweder etwas neutralisiert wird oder aber zum Bruch der Freundschaft führt? Gerade im unbändigen Willen, zu einer eigenen originären Identität zu finden, sich frühzeitig abzugrenzen gegen die Freundin, könnte die Gefahr lauern, dass durch ein zu starkes Pochen auf Gesehenwerden die Grundlage für diese »Arbeitsidentität«, das einander Bewusstmachen der Stärken, gerade geopfert würde. Bei allem bewussten Umgehen mit Rivalität gehört es auch zu einer nahen Beziehung zu einer Freundin, dass auch einmal destruktives Rivalisieren stattfindet – sozusagen als eine Schattenposition in dieser Beziehung. Und wenn die Beziehung eigentlich eine tragfähige ist, dann kann auch die Trauer darüber, dass die beiden in gewissen Situationen einfach unqualifiziert rivalisieren, ausgehalten werden – und im besseren Fall können sie sich darüber austauschen und vielleicht auch etwas verändern.

Vom konstruktiven Umgang mit dem Neid

Dass in Gefühlen von Neid und Rivalität sich die Notwendigkeit zur Entwicklung verbirgt, zeigt sich besonders dort, wo konstruktiv mit Neid umgegangen wird, wo das Rivalisieren auch nicht einfach vermieden wird.

»Konkurrenz im üblichen Sinn, in Bezug auf Männer oder ähnliches, das ist für uns kein Thema. Was schon mal untergründig dagewesen ist, ist so Konkurrenz im Bewusstseinsstand, in der Entwicklung des Bewusstseinsstandes. Da denke ich schon, dass wir uns gegenseitig angetrieben haben.« (32 J.)

Hier wird von Rivalisieren in eigentlichem Sinn gesprochen, sich gegenseitig anspornen zu etwas, das beiden wichtig und beiden auch möglich ist. Es ist geradezu das Wesen des konstruktiven Umgangs mit der Rivalität, dass die Rivalin eben keine Feindin ist, sondern eine Herausforderin. Interessant ist hier auch der Gegenstand der Konkurrenz.

Gegenstand der Konkurrenz ist, generalisierend gesprochen, immer etwas, das für einen selbst einen großen Wert darstellt, wenn wir es nicht mit einem Menschen zu tun haben, der durch und durch neidisch ist, auf alles und jeden und jede.

Der Wert hier ist nicht mehr, den Männern zu gefallen, sondern bewusster zu werden, und das heißt wohl auch, mehr an Identität zu gewinnen.

Weiter ist auffallend, wie die Frau betont, dass sie dieses Konkurrieren nicht als negativ erlebt, als wäre es ein Muss, Neid und Rivalität als negativ, das heißt als etwas Abzulehnendes, und das meint meistens auch: als etwas zu Verdrängendes, zu sehen. Um mit Neid und Rivalität aber konstruktiv umgehen zu können, müssen auch diese Emotionen in ihrem Sinn und ihrer Daseinsberechtigung verstanden werden.

»Aber wir haben irgendwann mal festgestellt, dass Neid eigentlich gar nichts Negatives sein muss, sondern sie mich beneidet um Dinge, die sie nicht hat, und ich sie beneide um Sachen, die sie kann ... Aber das ist irgendwie ein belebendes Element bei uns. Also, das würde ich sagen, ist die Qualität der Freundschaft.« (34 J.)

Voraussetzung, um konstruktiv mit Neid umgehen zu können, ist, wie hier ausgedrückt, die Erkenntnis, dass Neid nichts Negatives sein muss – er kann durchaus etwas sehr Negatives sein –, nämlich dann nicht, wenn er ausgesprochen werden kann. Dann wird er zu einem belebenden Element, dann sind sich die Freundinnen Herausforderung zu mehr Individuation – wobei es nicht nur, wie hier, darum geht, dass die eine entwickelt, was die andere hat, darum kann es aber auch gehen. Es ist immer sinnvoll, dort, wo wir neiden, uns zu fragen, ob wir vielleicht nicht selber diese Eigenschaften auch haben, sie nur nicht leben.

»*Es ist die Qualität der Freundschaft*«, die bewirkt, dass Neid nicht zu destruktivem Neid führt, sondern dass konstruktiv mit dem Neid umgegangen werden kann, sagt diese Frau. Qualität der Freundschaft, die eben auch bewirkt, dass die beiden Frauen sich ihrer Stärken bewusst sein können.

Es gibt verschiedene Belege dafür, dass in der Beziehung zur besten Freundin oder zu den besten Freundinnen wirklich eher konstruktiver als destruktiver Neid erlebt wird, dass es also wirklich die Qualität dieser Art von Freundschaft ist, die bewirkt, dass eher konstruktiv mit Neid umgegangen werden kann.

»Ja, wenn die irgendwas schaffen, was ich auch gerne schaffen würde, dann ... weiß ich nicht, ob das Neid ist, vielleicht schon. Dann kommt bei mir so: ›Scheiße, möchtest du auch gerne schaf-

fen …‹ Aber es ist nicht so, dass ich ihr jetzt das übel nehme. Ich beneide sie schon drum, aber missgönne es ihr nicht.« (34 J.)

Diese feine Unterscheidung zwischen Neid und Missgunst zeigt deutlich, dass es nicht um eine destruktive Form von Neid geht. Die Frau erwähnt immerhin, dass sie es ihrer Freundin nicht übel nimmt, ein Zeichen dafür, dass sie immerhin daran denkt, dass sie übel nehmen könnte, dass sie sich aber davon distanziert, weil diese Gefühle der Verbundenheit da sind.

Konstruktiv rivalisieren kann man nur dann, wenn man nicht ständig die erste Geige spielen will, wenn es also keine festgeschriebenen Herrschaftsansprüche gibt, wo immer derselbe oder dieselbe die erste Geige spielt.

Die Eifersucht als Falle

Das Thema Eifersucht ist nicht zu trennen von der Problematik, die sich ergibt, wenn Frauen gleichzeitig eine nahe Beziehung zu einer Freundin und zu einem Partner haben.

Dabei gibt es sehr verschiedene mögliche Eifersuchtsszenarien. Am häufigsten wird entweder offen oder verdeckt darauf hingewiesen, dass der Freund auf die Freundin eifersüchtig ist. Aber es gibt auch eine Eifersucht auf den Mann der Freundin, auf die Freundin der Freundin usw.

Direkt angesprochen wird dieses Thema vom eifersüchtigen Partner, aber auch von der Schwierigkeit, zwei gleichwertige Beziehungen nebeneinander zu leben, von einer 35-jährigen verheirateten Frau:

»Es wird einfach zum Problem, wenn meine Freundin da ist. Ich meine, im Prinzip verstehen die sich ganz gut, aber es geht dann drei Tage gut, bis wir dann vielleicht irgendwohin gehen und er dann auch eifersüchtig wird, speziell dann natürlich bei Alba, und wir dann natürlich ganz anders zusammenglucken als ich jemals mit ihm. Und ich meine, das ist natürlich so unter Frauen, weil da das Emotionale stärker reinkommt, und es ist auch ein bisschen so eine Freundschaft ..., weißt du, mit morgens zusammen im Bett kuscheln, da geht ihm natürlich schon der Hut hoch. Das ist vielleicht auch nachvollziehbar. Oder wenn wir so rumgackern oder uns über Dinge unterhalten, die er absolut nicht versteht, solche Geschichten, also da gibt es dann schon Eifersüchteleien. Oder wenn wir dann abends telefonieren und er zwanzigmal ins Zimmer kommt und ich in mein Zimmer gehe mit dem Telefon und er sich dann

völlig genervt zeigt – also solche Sachen treten dann schon auf, und wo ich mich dann tierisch abgrenzen muss, nach außen hin zumindest auch so tue, aber innerlich auch schon selber merke, ich habe ein komisches Gefühl dabei. Also ich finde es für mich wichtig, den Kontakt auch zu haben, wenn Klaus da ist, denn für mich sind das nicht irgendwelche Ersatzgeschichten, sondern es sind ganz selbstständige Sachen, trotzdem ist so ein innerliches Gefühl auch da, es eigentlich nicht zu dürfen, da ist dann so ein komisches Ziehen im Bauch: einerseits Ärger, dass er sich das Recht nimmt, mich da in irgendeiner Weise einzuschränken, aber auch so, dass ich als gute Ehefrau und Mutter, wenn er schon mal da ist, dann auch da zu sein habe, und das merke ich dann, was mich dann nur noch knatschiger macht, und dann ist der dicke Ärger da.«

Der Mann wird eifersüchtig, wenn er sich ausgeschlossen fühlt. Dieser Mann reagiert auf seine Eifersucht offenbar so, dass er versucht, die Frau einzuschränken. Sie wiederum hat darauf eine doppelte Reaktion: Einerseits grenzt sie sich ab, tut so, als wäre alles in bester Ordnung, andererseits scheint sie auch Schuldgefühle zu haben, neben dem Ärger, dass ihr Partner sie zu beschränken versucht – zu gelingen scheint es ihm ja nicht. Zwei Modelle eines Frauenlebens streiten sich in dieser Frau: Die nahe Beziehung zur besten Freundin und die Beziehung zu ihrem Partner sollen miteinander vereinbar sein, nicht hintereinander, sondern auch wirklich parallel, als zwei verschiedene wichtige Beziehungen. Das alte Frauenmodell, bei dem die Frau nur die Gefährtin des Mannes sein soll, steht in einem spannungsvollen Verhältnis dazu. Das ist normal; Rollen, die lange gegolten haben, beeinflussen uns aus dem Unbewussten, auch wenn wir sie für uns als ungültig erklärt haben. Sie werden sozusagen zu einer Schattenposition, die nicht von einem Tag auf den anderen verschwindet, und es ist weiser, damit zu rechnen, als zu meinen, »das« hätte man alles schon längst hinter sich gelassen.

Es wird sehr deutlich, dass die Mehrzahl der Frauen versuchen will, die Beziehung zur Freundin und die Beziehung zum Partner als zwei Formen der Beziehung zu leben, dass die Tendenz, die Freundin zu verlassen wegen eines Mannes, bei einzelnen Frauen zwar vorhanden ist – zum Teil auch als Erinnerung an ihre Haltung als sehr junge Frau genannt wird –, aber nur noch selten einfach hingenommen wird.

Es wird aber auch deutlich, dass es für die meisten Frauen schwierig zu sein scheint, diese beiden Beziehungsformen – was unter Umständen durchaus bedeutet, in drei bis vier intensiven Beziehungen zu stehen, wobei die Beziehung zu den Kindern als zusätzliche Beziehung kaum erwähnt wurde – nebeneinander zu leben.

»Für mich ist es auch so, dass ich schlecht mit meinem Freund und Helen gleichzeitig Zusammensein kann. Ich habe dann das Gefühl, dass ich mich nicht auf beide gleichzeitig so einlassen kann. Und dann ist es oft so, dass ich einer Person näher bin und dann irgendwie damit nicht klarkomme. Ich denke, das liegt daran, weil es beides so intensive Beziehungen sind.« (26 J.)

Die Schwierigkeiten dieser Frau liegen vor allem auch darin begründet, dass sie sich offenbar mit beiden so einlassen will, als wenn sie mit ihnen allein wäre. Eine Zweierbeziehung ist aber immer etwas anderes als eine Dreierbeziehung, die in sich eine andere Dynamik hat und die zudem oft von unterschwelligen Eifersuchtsgefühlen auf der einen Seite und Schuldgefühlen auf der anderen Seite begleitet ist. In dieser Aussage scheint mir aber auch mitzuschwingen, dass die Frau das Gefühl hat, dass sie sich nicht mit zwei Menschen intensiv einlassen kann und darf.

An sich ist es eigentümlich, dass wir so felsenfest überzeugt davon sind, dass eine intensive Beziehung eigentlich nur zu einem Menschen möglich sei, dass diese dafür exklusiv, ausschließlich zu sein habe und auch alle Bedürfnisse eines Menschen abzudecken imstande sein müsse. Wir wissen aus der Lebenserfahrung heraus, dass das nie möglich ist, sind aber doch immer wieder enttäuscht, dass es nicht geht. Betrachten wir unseren Lebensgang, dann stellen wir fest, dass wir in der Regel Mutter und Vater geliebt haben und in irgendeiner Weise weiter lieben, oder in einer Beziehung oder Nicht-Beziehung zu ihnen stehen, dass wir auch unsere Geschwister geliebt haben – und das nicht nacheinander, sondern gleichzeitig. Gewiss, wir haben wahrscheinlich immer einmal einige Menschen aus der Familie oder auch aus der Nachbarschaft mehr geliebt, andere waren uns gleichgültiger, aber es gab immer einige wichtigste Menschen.

Dieser Anspruch auf Ausschließlichkeit könnte aber auch aus dem Wesen der Liebesbeziehung erwachsen: Wenn wir uns verlieben, dann fühlen wir uns miteinander eins, ganz, glücklich. Diese Gefühle stammen daher, dass in unserer Psyche durch die Begegnung mit einem anderen Menschen tief verschwiegene Bilder einer zukünftigen möglichen Persönlichkeit angesprochen werden. Wir sehen dann den anderen Menschen in seinen besten, noch verschwiegenen Lebensmöglichkeiten, aber auch uns selbst – und das gleiche geschieht auch dem Partner. Ein Beziehungsselbst wird erlebt, das uns ungeheuer fasziniert und uns auch ein Gefühl von Ganzheit, Ewigkeit und Glück gibt. Aus diesem Erleben heraus kommen auch unsere Ideen, dass diese Liebe »ewig« dauern werdc, alle die Treueschwüre, die zu diesem Zeitpunkt nichts kosten, haben mit diesem Erlebnis zu tun. Zu diesem Zeitpunkt brauchen wir auch keine anderen Menschen, keine anderen Beziehungen – diese eine füllt uns aus, erfüllt uns eben ganz. Aber das ist kein Zustand, der andauert. Wird dieses Beziehungsselbst im Alltag realisiert, dann fällt bald auf, dass Vision und Realisation zwei Ebenen der Beziehung darstellen und dass es durchaus sinnvoll ist, die beiden Ebenen nebeneinander zu sehen und zu leben, und nicht von sich zu verlangen, dass die Vision voll realisiert wird.

Aus diesem Erleben des Beziehungsselbst und den damit verbundenen Gefühlen der Verliebtheit scheint mir ebenfalls dieser Exklusivanspruch zu kommen, er wird dadurch aber nicht legitimiert. Denn in verschiedenen Beziehungen können verschiedene Aspekte des Beziehungsselbst konstelliert werden, die eine Beziehung kann nicht gegen die andere ausgespielt werden. Und wenn auch vielleicht in Zeiten, in denen die Besinnung auf das eigene Selbst erfolgt, die Beziehung zu Menschen des eigenen Geschlechtes im Vordergrund steht, so ist das kein Grund, immer nur eine Beziehung zu leben.

Und dann könnte es auch sein, dass diese Exklusivität auch damit zu tun hat, dass wir doch oft einander »haben« wollen, nicht so sehr miteinander das Leben gestalten, sondern einander »haben«. Und »haben« tut man etwas natürlich nur, wenn es einem gehört, ganz, wenn man nicht zu teilen braucht.

Es gibt also genug Gründe, sich damit auseinander zu setzen, warum es uns so schwer fällt, verschiedene Beziehungen nebeneinander bestehen zu lassen, zu leben und zu genießen in ihrer jeweiligen Eigenart.

Das Erlebnis der eigenen Eifersucht, wenn es der Freundin nicht gelingt, die beiden Beziehungen zu leben, und dadurch die Beziehung zur Freundin an Bedeutung verliert, beschreibt eine 28-Jährige:

»Eifersucht gibt es immer. Ich bin eifersüchtiger auf einen Mann als auf eine Frau. Weil meine Erfahrung so ist, dass Frauenbeziehungen irgendwie mehr Gleichwertigkeit haben untereinander. Und ich merke auch, wenn eine 'ne Beziehung zu

einem Mann hat, dass das dann immer so eine Priorität kriegt. Und dass die Freundin dann so nebenbei läuft.«

Plötzlich an Bedeutung zu verlieren ist immer ein schmerzlicher Verlust, und Eifersuchtsgefühle sind dann am erträglichsten, wenn der Mensch, der sich in eine neue Beziehung begibt, nicht die bestehenden Beziehungen entwertet, sondern deutlich macht, dass da noch etwas dazugekommen ist, dass aber in den Gefühlen zu den ursprünglichen Beziehungspersonen sich nichts verändert hat. Das sind selten Informationen, die ausgesprochen werden, sondern es sind Erfahrungen, die gemacht werden. Haben wir plötzlich das Gefühl, unter »ferner liefen« zu figurieren, nachdem wir bisher gerade ein sehr wichtiger Mensch für eine Freundin waren, dann werden wir uns zurückgestoßen vorkommen, entwertet. Und darauf reagieren wir mit Wut, mit Neid auf den Menschen, dem es gelungen ist, mehr Aufmerksamkeit zu bekommen. Es ist besonders auffallend, dass gerade in den Beziehungen zur besten Freundin es so oft vorkommt, dass die Freundin zwar unendlich wichtig ist, kaum ist aber eine »Beziehung« in Sicht, dann verliert sie schlagartig an Wichtigkeit. Die Beziehung zur Freundin – im Vorzimmer zur richtigen Beziehung, als Notgemeinschaft, bis die »richtige« Gemeinschaft kommt?

So sagt etwa eine 23-jährige Frau:

»Früher war das für mich wichtig, dass sie an erster Stelle kam. Heute ist es so, wir leben beide unser Leben, wissen aber, dass wir uns aufeinander verlassen und aufeinander stützen können. Für mich ist es im Moment wichtiger, meine eigene Beziehung zu meinem Freund zu leben. Die würde ich auch nicht gleichsetzen oder unter Carola stufen, da ist mir mein Freund wichtiger. Aber dennoch weiß ich, ich habe jemanden, falls was ist; in petto ist sie ja noch da.«

Die Freundin also, nachdem sie deutlich ins zweite Glied verwiesen wird, als Beziehungsversicherung für die schlechteren Tage? Ob die Freundin das so akzeptiert? Diese junge Frau hat das Problem mit den Wertigkeiten der Beziehung so gelöst, dass der Mann eindeutig im Vordergrund steht, die Beziehung zur Freundin, denkt sie, kann auch diese Zurückstufung in der Bedeutung verkraften – sie holt sich den Selbstwert aus der Beziehung zum Mann.

So wird die Beziehung zur besten Freundin wohl noch oft gesehen und auch behandelt – es sei doch normal, dass die Beziehung zu einem gegengeschlechtlichen Partner die Beziehung zur Freundin zumindest in großen Teilen ablöse –, die Werte, die aber in einer solchen Beziehung zur besten Freundin stecken, sprechen eine andere Sprache. Die Beziehung zur besten Freundin ist und bleibt ein Ort größter emotionaler Unterstützung und größten Anreizes zur Selbstwerdung, zur Entwicklung des originären Selbst.

Eine 25-jährige Frau sagt dazu:

»... irgendwie so das Gefühl, jetzt ist ihr der Mann doch wichtiger. Und der Ärger darüber, weil vom Anspruch her sagen wir einfach, eigentlich wollen wir das nicht so. Und wenn so ein Gefühl da ist, dann kommt auch Verletztsein und auch Wut. Oder einfach auch ... ja, dass da einfach so eine Grenze gezogen wird.«

Ärger, Verletztsein, Wut, weil ein anderer Mensch nicht einfach wichtig, sondern wichtiger wird: alles Elemente der Eifersucht, von der aber wenig deutlich wird, ob und wie sie ausgetragen wird. Mir kommt diese Eifersucht, im Gegensatz zur erotischen Eifersucht bei gegengeschlechtlichen Partnern, wo doch gekämpft, gewütet, getobt wird, im besten Fall auch da der Anreiz zur Entwicklung aufgenommen wird, so seltsam resigniert vor. Hat die Freundin ein Recht auf Eifersucht? Dieses Thema bleibt im Hintergrund, ausgedrückt wird aber das grundlegende Dilemma: Geteilt wird fast alles mit der Freundin, und dann kommt einer und ist plötzlich wichtiger. Die Erklärung für dieses an sich unerklärliche Verhalten: die Sexualität. Nicht einmal die Faszination der Liebe – sondern die Sexualität.

Dass wir in einer Gesellschaft leben, in der die Männer immer noch wichtiger sind als die Frauen und diese Bedeutung ihnen von den Frauen auch immer noch zugesprochen wird, indem sie ihnen diese Dominanz auch zugestehen, weil es halt allemal auch als attraktiver gilt, Freundin eines Mannes als Freundin einer Frau zu sein, erwähnt keine der Frauen ausdrücklich.

Es stellt sich natürlich die Frage, ob hier die gesellschaftliche Norm nicht zu einem ungeheuren Druck geworden ist. Es gehört auch zu unserem Erleben von Identität, dass wir uns gut fühlen, wenn wir in Übereinstimmung mit allgemeinen gesellschaftlichen Normen leben. Diese Normen können aber auch zu einem ungeheuren Druck werden, besonders wenn sie auch dahingehend verstanden werden, dass kein Spielraum für eigene Bedürfnisse gelassen wird. Auch das ist wiederum eine Frage des Selbstwertes: Wer sich seiner Identität und seines Selbstwertes bewusst ist, kann es auch ertragen, sich die Frage zu stellen, welche Formen der Beziehungen die stimmigsten sind für das eigene Leben; wer ein schlechteres Selbstwertgefühl hat, wird zunächst einmal leben, was Norm ist, was normal ist.

Und dann gibt es noch eine alltägliche Form von Eifersucht: Eine 50-jährige Frau antwortet auf die Frage, ob sie das Problem der Konkurrenz kenne:

»Oh ja, gerade bei dieser Sache mit meinem ersten Mann. Sie (meine Freundin) war damals auch genau sein Typ, und da war ich schon manchmal sauer. Heute ist das nicht mehr so. Da hab ich auch inzwischen mehr Selbstbewusstsein.«

Eifersüchtig auf den Mann oder auf die Freundin, die Freundin als Rivalin um denselben Mann. In einer normalen Eifersuchtsbeziehung – so Freud – könne man die gleichgeschlechtlichen Anteile entwickeln, beschäftige sich doch der oder die Eifersüchtige meistens mit dem gleichgeschlechtlichen Rivalen in der Phantasie. Das ist ein sehr wertvoller Gedanke zum Verständnis eines Aspekts der Eifersucht und gibt auch einen Hinweis, wie man konstruktiv mit Eifersucht umgehen könnte, indem man nämlich die Seiten in sich entwickelt, die im Rivalen oder in der Rivalin verkörpert sind. Auch würde dann Eifersucht geradezu darauf hinweisen, dass wir uns nicht nur für Beziehungen zum anderen Geschlecht interessieren, sondern auch für Beziehungen zum eigenen Geschlecht. Die ganze Eifersucht erklärt die These von Freud aber nicht, denn auch gleichgeschlechtliche Paare kennen das Problem der Eifersucht.

Auch wenn verschiedene Formen der engen, verantwortlichen Beziehung nebeneinander gelebt werden, wird es immer wieder Eifersucht geben, verbunden mit der Frage, ob man sich selber auch liebenswert findet, oder ob man sich dieses Gefühl von einem anderen Menschen geben lassen muss, ob man also, wenn ein Mensch sich auch einem anderen zuwendet, auch ein Stück von sich selbst verliert.

Ganz wichtig aber ist, so scheint mir, dass wir lernen, enge Beziehungen zu besten Freundinnen und Beziehungen zu Männern nicht als etwas Konkurrierendes, sondern als etwas anderes, genau so Wichtiges zu sehen.

Dabei scheint es mir wichtig zu sein, dass nicht einfach eine Aufspaltung vorgenommen wird im Sinne von: Die Freundin ist für die Seele, der Freund für den Sex, und Sex mit einem Mann ist wertvoller als die Beziehung zur Freundin. Jede Form der Beziehung ist einzigartig, und was in ihr an Lebensmöglichkeiten liegt, sollte auch verwirklicht werden, wenn das Leben reich sein soll.

Die Bedeutung des Körperkontaktes

»Körperkontakt ist sehr wichtig, sowohl für mich als auch für meine Freundin. Das gibt ja ein irrsinniges Gefühl von Wärme und auch von Zusammengehörigkeit. Das ist eigentlich allgemein für ein starkes Vertrauensverhältnis wichtig. Ich glaube, … ohne jemals Körperkontakt zu haben, kannst du auch kein wirklich tiefes Vertrauen haben zu anderen Leuten.« (24 J.)

Körperkontakt scheint für viele Freundinnen einfach dazuzugehören. Es wird natürlich auch erwähnt, dass der Körperkontakt nicht zu allen Freundinnen gleich intensiv ist, mit der einen leichter, selbstverständlicher, andere sind »zurückhaltender« – es geht um den emotionalen Austausch, nicht nur verbal, sondern auch körperlich. Für die Frauen, die den Körperkontakt nicht erwähnen, kann er selbstverständlich sein, also nicht erwähnenswert, oder aber auch verdrängt, denn ganz unproblematisch wird diese körperliche Nähe nicht immer erlebt. Es wird deutlich, dass der Körperkontakt – was immer dann die Frauen darunter verstehen – dazugehört, dass es keine so nahen Beziehungen geben kann, ohne auch körperliche Nähe zu spüren.

Die zitierte Aussage, dass ohne Körperkontakt kein tiefes Vertrauen möglich ist, scheint mir eine sehr wichtige Aussage zu sein. Entwicklungspsychologisch gesehen ist diese Aussage richtig, bedenkt man, wie wesentlich liebevoller, akzeptierender Körperkontakt für die Bildung von Urvertrauen ist.

Körperkontakt ist ein Ausdruck von Vertrauen, der, indem er vollzogen wird, mehr Vertrauen schafft und auch Nähe, Wärme – ein Gefühl der Geborgenheit erleben lässt. Dazu passt, dass verschiedene Frauen sagen, sie hätten gelernt, mehr Körperkontakt zuzulassen. Bei diesen Aussagen, Nähe zuzulassen, ist allerdings nicht auszumachen, ob sie es gelernt haben gegen eine verinnerlichte Vorstellung, dass »man das nicht tut«, oder ob im Prozess des Vertrautwerdens miteinander auch körperliche Nähe mehr zugelassen wurde, als Zeichen des wachsenden Vertrauens.

Entweder ist bei den Interviews eher die »pflegerische Nähe« in den Vordergrund gerückt – sich gegenseitig massieren usw. – oder die spielerische Nähe – sich umarmen, kuscheln, miteinander im Bett etwas essen usw.

»Ich hab gern Körperkontakt zu meinen Freundinnen. Auch dass wir uns kraulen und in den Arm nehmen, oder fischottermäßig nackt im See zusammen schwimmen … Ich hab große Lust dazu.« (59 J.)

Bei diesem Körperkontakt kann die Angstfreiheit betont werden. So sagt eine 61-jährige Frau:

»Körperkontakt ist sogar sehr wichtig. Wir massieren uns auch. Auch in den Arm nehmen, weil das so angstfrei ist, dass man da nicht das Gefühl hat, jemandem zu nahe zu treten. Bei Männern ist das anders.«

Zärtlichkeit, ohne dass das »sexuelle Programm« abläuft, Zärtlichkeit, die wirklich Zärtlichkeit meint, nicht verstanden als Vorspiel oder Auftakt zu etwas anderem: Solche Zärtlichkeit wird von dieser Frau – und mit ihr noch von vier anderen Frauen explizit – als »angstfrei« bezeichnet.

Ganz so spannungsfrei und angstfrei wird die Erotik zwischen Frauen aber nicht von allen erlebt: Eine 28-jährige Frau, die zur Zeit des Interviews eine Liebesbeziehung mit einem Mann hat, sagt:

»Es ist auch so, dass wir manchmal miteinander schmusen. Und das habe ich auch nur zu den beiden Freundinnen; auch dass wir Arm in Arm spazieren gehen oder uns küssen.

Aber was ich schon manchmal merke, ja, vielleicht auch so eine Lust auf irgendwas, was intimer wird oder was mehr sexueller wird, und auf der anderen Seite eine unheimliche Angst davor …«

Angst, Faszination ist da zu spüren, die Lust, auszuprobieren, wo die Grenzen sind – immer mit einem scheuen Blick auf die Konvention: »weil es das angeblich nicht gibt«, die aber mehr in einem Nebensatz abgehandelt wird. Für einige dieser Frauen ist auch offen, ob sie ihre Liebesbeziehung in der Zukunft mit einem Mann oder mit einer Frau pflegen wollen, sie wollen sich da bewusst offen halten.

Die nahe, körperliche Beziehung zur besten Freundin oder zu den besten Freundinnen kann also auch eine Besinnung über die eigene sexuelle Identität herausfordern und fördern.

Dass auch eine körperliche Anziehung zwischen den Freundinnen besteht, ist nahe liegend, bedenkt man, wie eine Freundschaft beginnt. *»Die ist mir einfach aufgefallen«, »die hat mir so gut gefallen, ihr ganzes Auftreten …«, »die war* *mir einfach sympathisch«* usw. Damit Sympathie entstehen kann, und Sympathie ist wohl Grundlage eines gegenseitigen Wohlgefallens, braucht es auch eine gewisse körperliche Anziehung. Natürlich sprechen wir davon, dass die »Ausstrahlung« einer Person uns aufmerken ließ, uns gefangen nahm, unser Interesse wachrief, im Sinne von: Diesen Menschen möchte ich näher kennen lernen. Bei dieser Ausstrahlung ist aber immer schon das Leibliche mit enthalten, gerade am Anfang.

Bei Freundinnen spielt nicht nur eine körperliche Anziehung, eine erotische Faszination eine Rolle, es gibt auch so etwas wie eine ästhetische Faszination: Frauen finden Frauen schön. So sagt eine 52-jährige Frau mit einer Liebesbeziehung zu einem Mann:

»Und dann hab ich selber auch für mich im Zusammenleben mit Freundinnen ja einfach auch die Freude an einem charmanten Geschöpf oder Wesen, ohne da jetzt etwas zu wollen, einfach die Freude des Anschauens … Ich freue mich einfach so, wie sie da sind und sich bewegen und sprechen, und ich find' das einfach als Wohltat: Gefallen zu finden, ohne was zu wollen oder in Anspruch genommen zu werden.«

Freude daran, wie Freundinnen aussehen, wie sie reden, wie sie sich bewegen – auch hier wieder abgegrenzt gegen Bewunderung, die etwas will oder in Anspruch nimmt – eine ästhetische Freude.

Die Faszination kann über dieses Bewundern der Schönheit übergehen in eine erotisch-sexuelle Faszination. Einige Frauen bringen zum Ausdruck, dass die Frauen sich in der Beziehung zur Freundin wohl fühlen, weil keine »Absichten« mit den Zärtlichkeiten verbunden sind. So sicher können sich da die Frauen aber eigentlich nicht sein – und das scheint auch schon einigen von ihnen bewusst zu sein. Die einen ängstigen sich, die anderen werden neugierig, wieder andere retten sich, indem einfach alles »erotisch« genannt wird oder überhaupt nichts benannt wird – so lässt sich am besten Erfahrung sammeln. Sicher ist, dass sich der Charakter der Beziehung zur besten Freundin verändert, wenn daraus eine Liebesbeziehung wird.

Die Nähe, das Vertrauen, die Wärme unter den besten Freundinnen wird auch in einer körperlichen Nähe erfahren – lustvoll und Angst erregend –, die Frauen definieren für sich selbst, wo sie die Grenzen haben wollen. Die Grenzen sind dort, wo es ihnen zu eng wird, vielleicht auch dort, wo es ihnen zu gefährlich wird.

Werte einer künftigen Beziehungskultur

Nicht nur auf der individuellen, sondern auch auf der kollektiven Ebene ist heute eine Idealisierung der Freundschaft unter Frauen zu bemerken: in den Büchern, die darüber geschrieben werden, in Artikeln, auch in der Wut und Enttäuschung darüber, dass Frauen dann doch nicht gut miteinander umgehen – als ob alle Frauen miteinander befreundet wären! Natürlich muss die Beziehung zur besten Freundin – und ich unterscheide sie von den Beziehungen zu Freundinnen ganz allgemein, weil diese eine andere Qualität zu haben scheinen – idealisiert werden, weil sie ja offenbar für Frauen so ungeheuer wichtig ist, um ein sinnvolles Leben führen zu können und um die emotionale Zuwendung und Unterstützung zu bekommen, die sie brauchen. Am wichtigsten ist sie wohl als Möglichkeit, wirklich zu einer eigenen, nicht abgeleiteten Identität zu kommen und einen Raum bereitzustellen, in dem Frauen erleben können, wer sie sind, wenn sie nicht durch Rollenverhalten gezähmt werden. Ein Raum zugleich, in dem sie zur eigenen Stärke, zu den eigenen vielen schillernden Lebens- und Liebesmöglichkeiten hinfinden können, die ihnen eignen und die ihnen in der abgeleiteten Identität so leicht enteignet werden. Die Freundschaft unter Frauen muss aber auch idealisiert werden, weil gesellschaftlich gesehen zwar immer mit ihr gerechnet wird, auch im Hinblick auf Ressourcen, auf Lebenshilfe, aber hoch geschätzt wird sie doch auch nicht. Und das ist nicht nur gesellschaftlich so; auch die Frauen scheinen zwischen Idealisierung und Entwertung zu schwanken. Wenn sie also diese Form der Beziehung jetzt eher idealisieren, dann kämpfen sie damit auch gegen die eigene Versuchung zur Entwertung.

In der Beschäftigung mit dieser Form der Beziehung, in ihrer Idealisierung, aber auch in Aussagen wie der von Janice Raymond: *»Solange Frauen die ursprüngliche Zuneigung untereinander nicht einfordern und anerkennen, fehlt dem Feminismus der elan vital …«*, oder in der These der gleichen Autorin, dass Frauenfreundschaft ein ncues Modell für menschliches Zusammenleben abgeben könnte, drückt sich eine aktuelle zeitgeschichtliche Tendenz aus.

Es könnte bei den Frauenfreundschaften nicht nur um das Finden der weibliche Identität und um die gegenseitige emotionale Unterstützung gehen, es könnte darüber hinaus auch darum gehen, dass Werte, die in der nahen weiblichen Freundschaft verwirklicht – und schon seit Jahrhunderten gelebt werden –, Modellwirkung haben könnten. Es könnte eine Beziehungsutopie sein, die sich nicht nur auf die Frauen beschränkt. Werte, die in dieser Form der Beziehung gepflegt werden, könnten auch zu allgemeineren Werten erklärt werden, denen nachzuleben sich lohnen würde, will man Beziehung wirklich mehr in den Mittelpunkt des lebendigen Lebens stellen. Es geht nicht darum, allen Menschen zu empfehlen, wie »beste Freundinnen« miteinander zu leben, das wäre auch nicht möglich. Diese Form der Beziehung wird etwas Besonderes bleiben, eben für die besten Freundinnen, aber die Werte, die darin gelebt werden und die sowohl für Geborgenheit als auch für Entwicklung hilfreich sind, könnten Maßstäbe für eine allgemeinere Beziehungskultur sein oder zumindest dazu herausfordern. Besonders wichtig aber scheint mir, diese Werte aus der Verschattung herauszuholen, sie nicht weiter als scheinbar belanglos im dunkeln zu lassen – wobei sich die Gesellschaft aber doch ganz intensiv darauf verlässt –, sondern sie ins Licht zu heben, sie in ihrer Wichtigkeit für menschliches Zusammenleben anzuerkennen.

Die Werte der nahen Frauenfreundschaften äußern sich in konkreter, alltäglicher Lebens- und Beziehungspraxis; sie sind keine Theorien über die Beziehung. Das mag ein Grund dafür sein, dass sie so wenig bedacht, so wenig im Gespräch sind.

Ich habe diese Werte hier nun zum Zwecke der Verallgemeinerung aus den Interviews herausdestilliert. Sie stehen nicht als einzelne da, sondern miteinander in Beziehung, sind vernetzt.

Zentral ist der Wert der

Achtsamkeit

Mit Achtsamkeit meine ich, dass Freundinnen einander sehen, wahrnehmen, Zuwendung geben, Gefühle der Zuneigung ausdrücken und auch annehmen, Mitgefühl haben und auch ausdrücken, aber auch ihre emotional echte, offene Reaktion auf eine Situation geben, Kritik üben im besten Sinne, nämlich auf eine mögliche Verbesserung der Situation hin bezogen, nicht im Sinne des Entwertens aus einer Konkurrenzsituation heraus.

Es geht darum, die andere zu sehen und gesehen zu werden, möglichst so, wie jede ist. Gesehen zu werden, nicht durch einen Filter von Erwartungen oder schon enttäuschter Erwartungen, bestärkt aktuell das Gefühl der Identität, gibt das Gefühl, da zu sein, wirken zu können und auch eine Daseinsberechtigung zu haben. Sehen und gesehen zu werden bedeutet, den anderen Menschen auch in dem zu sehen, was unseren Erwartungen gerade nicht entspricht, uns vielleicht überrascht oder auch verärgert. Zur Achtsamkeit gehört Respekt vor der Persönlichkeit des anderen, Respekt vor seinen individuellen Gefühlen und den daraus erwachsenden Haltungen und Handlungen, Achtung für den anderen Menschen. Achtsamkeit ist so besehen eine Werthaltung, die dem Dominieren und über einen anderen Menschen Bestimmen entgegensteht, und dennoch den anderen Menschen achtet, und auch in sich selbst gegen die Haltungen des Bestimmens und Dominierens ankämpft.

Die Achtsamkeit ist eine Werthaltung, die auf Gleichwertigkeit beruht, verpflichtet der Idee, dass Menschen immer ein Du brauchen, um zu sich selbst zu kommen, dass es aber auch immer Situationen gibt, in denen Menschen Hilfe brauchen. Achtsamkeit entspringt einer Haltung des Akzeptierens, des Förderns, des Schützens, des Konfrontierens.

Achtsamkeit ist von allen Beteiligten gefordert, auch Achtsamkeit auf die eigenen Gefühle. Werden die Gefühle des Ärgers und der Feindseligkeit nicht eingebracht, dann wird die Achtsamkeit gemindert, werden die Gefühle der Zuneigung nicht eingebracht, kann die Achtsamkeit leicht zu einer Form der Überwachung verkommen.

Achtsam kann nur sein, wer mit den eigenen Enttäuschungen umgehen kann, wer zutiefst akzeptiert, dass das Leben Bewegung ist, dass nichts für immer gegeben ist, auch nicht das Wesen der besten Freundin oder das Wesen dieser engen Beziehung. Achtsam kann auch nur sein, wer durch die Prozesse des Trauerns hindurch sich das, was bleibt, zu erhalten und das, was sich verändert, auch als neue Öffnung zu verstehen vermag.

Achtsamkeit könnte nicht nur ein zentraler Wert im Umgang mit den Menschen sein, sondern auch mit der Natur, Achtsamkeit ist eine Form der fördernden Liebe zum Leben und zum Lebendigen. Zur Achtsamkeit hinzu kommt der Wert der

Verfügbarkeit

Ich brauche diesen Ausdruck im Sinne der »disponibilité« von Gabriel Marcel, einer Haltung, die es zulässt, dass das Leben von uns Besitz ergreift und uns auch verbraucht, dass Ideen, Gedanken von uns Besitz ergreifen, oder eben auch, dass das Leben eines uns nahe stehenden Menschen auch über unser Leben verfügt, nicht in dem Sinne, dass dieser andere Mensch nun über unser Leben verfügt, eben gerade nicht, sondern dass die Beziehungsnotwendigkeiten dazu führen und das eigene Leben davon beeinflusst ist und auch beeinflusst werden darf.

Im konkreten Alltag heißt das, dass die Freundin fast jederzeit angesprochen werden kann, auf ein Problem hin, auf eine Hilfeleistung hin, auf eine Überlegung hin. Man kann sich gegenseitig einander zumuten, ohne eine Zumutung zu sein. Man kann miteinander rechnen, muss aber auch miteinander rechnen. Man kann aufeinander zählen. Verfügbar-Sein heißt auch, dass wir miteinander reden, bis sich im Gespräch eine Lösung, vielleicht sogar eine schöpferische Lösung abzeichnet. Schnell fertige Lösungen sind dabei nicht zu erwarten – diese Haltung braucht auch Zeit, Beziehungszeit.

Verfügbarkeit als Wert meint aber darüber hinaus auch, offen zu sein für neue Ideen, sich in Frage stellen zu lassen durch neue Ideen, sich nicht abzusperren dagegen. Verfügbarkeit meint die Bereitschaft, sich der Offenheit der Zukunft zu stellen, der Hoffnung, sich nicht der Gewohnheit beugen. Verfügbarkeit heißt, den Boden für Neues bereitzustellen.

Damit Verfügbarkeit eine Haltung wird, die sich dem Leben bereitwillig zur Verfügung stellt und sich nicht ständig sperrt gegen jede Veränderung, gegen jede Anforderung, nicht verkommt zu einer Situation des Ausnutzens und des Ausgenutztwerdens, müssen wir lernen, uns liebevoll abzugrenzen, unsere Grenzen zu akzeptieren, auch im Verfügbar-Sein, das heißt aber wiederum, achtsam mit uns und den anderen Menschen umzugehen. Lernen werden wir dieses sanfte Abgrenzen aber nur dort, wo Menschen uns nah sind, wo wir sie lieben, ohne dass sie notwendigerweise unsere Liebespartner und Liebespartnerinnen sind.

Die Haltung der Verfügbarkeit lässt den Reichtum des Lebens sich erst richtig entfalten und führt zu einem Staunen darüber, was alles möglich ist im menschlichen Leben – sie ist sozusagen die Kehrseite der Resignation oder der Langeweile.

Zu Achtsamkeit und Verfügbarkeit kommt hinzu:

Verlässlichkeit

Achtsamkeit und Verfügbarkeit werden erst wirklich zu Werten, wenn man sich in den Beziehungen auch darauf verlassen kann, dass das Werte sind, die dem anderen Menschen auch wichtig sind, wie das eben in den Beziehungen zu den besten Freundinnen zum Ausdruck kommt.

Sich verlassen können aufeinander – im Gegensatz zu einander ständig verlassen – kommt aus der Einsicht, dass die Bindung, die Nähe, die Geborgenheit auf Gegenrecht hin wichtig sind, weil die emotionale Verbundenheit in ihrer Bedeutung für das gute Lebensgefühl, das Gefühl einer Lebenssicherheit, als Möglichkeit auch, der Angst zu begegnen, erkannt sind.

Verlässlichkeit meint den Willen zur Kontinuität durch alle Konflikte hindurch, meint aber auch, die Beziehung verantwortlich zu leben: Man übernimmt Verantwortung für die Beziehungsprozesse, die im Gange sind.

Diese Verlässlichkeit als Wille zur Kontinuität und damit auch zum Wachsen einer Beziehung muss sich immer wieder in punktueller Verlässlichkeit erweisen: verlässlich sein im Einhalten von Versprechungen, verlässlich sein in der Echtheit der emotionalen Reaktionen, verlässlich sein im Dasein, ohne etwas zu wollen usw. Die Verlässlichkeit wird immer wieder neu definiert unter den Menschen, die miteinander eine Beziehung eingehen, indem sie Konflikte miteinander austragen, in denen es um Unzuverlässigkeit geht, aber auch um das Thema des Verlassenwerdens, denn Unzuverlässigkeit ist eine Form des Verlassenwerdens. Sich verlassen und sich wieder neu einlassen aufeinander muss als Bewegung auch in guten Beziehungen verstanden werden, wobei das Sich-wieder-neu-aufeinander-Einlassen im wesentlichen im Einlassen auf den Konflikt, der durch die Unzuverlässigkeit aufgebrochen ist, besteht.

Achtsamkeit, Verfügbarkeit und Verlässlichkeit werden in den Beziehungen zu den besten Freundinnen in einer Atmosphäre von

Zärtlichkeit

gelebt. Zärtlichkeit ist Ausdruck von Achtsamkeit, Verfügbarkeit und Zuverlässigkeit in der Beziehung und gleichzeitig auch Ausdruck von nicht zupackender, sondern umhüllender Liebe, eine Haltung, die auch das Zarte im anderen Menschen und in sich begreift und es dem anderen Menschen auch erlebbar macht, aus ihm oder aus ihr herausliebt, und dieses Zarte auch schützen will, auch vor dem eigenen harten Zugriff. Zärtlichkeit kümmert sich um das Zarte und auch um das, was werden will, um das Neue. Zärtlichkeit in Beziehungen weist darauf hin, dass immer noch die Hoffnung besteht, dass Neues werden kann, das Staunen auslöst und Hege- und Pflegeimpulse weckt. Die Zärtlichkeit verliert ihren Wert dort, wo sie zu einem Verzärteln wird, wo dem anderen Menschen nicht auch das Unzarte, Harte, Wilde zugemutet wird.

Ein weiterer Wert in der Beziehung zu den besten Freundinnen ist der Wert der

Freude

Das Erleben von Freude, das Teilen von Freude, das Anstecken mit Freude, das Sich-Freuen aneinander, das Sich-Freuen aufeinander geben den Beziehungen eine ganz spezielle Färbung und tragen nicht unwesentlich dazu bei, dass sie so dauerhaft sind.

Das Zulassen der Freude, das bewusste Wahrnehmen der Freude vermehrt die Freude, lässt uns uns als Menschen erleben, die sich auch freuen können. Wenn wir uns aber freuen, dann erleben wir uns selbst als für den Moment ganz und gar einverstanden mit uns selbst, mit den anderen Menschen und mit der Umwelt, das gibt uns ein gutes Selbstgefühl und das Gefühl, fraglos in Beziehungen zu anderen Menschen eingebunden zu sein, fraglos auch ein Teil eines uns umfassenden Lebens zu sein. Das Erleben der Freude hat auf unseren Selbstwert einen sehr großen Einfluss, erlaubt uns unter anderem auch, immer mehr unser originäres Selbst zu finden. Wie jede Emotion ist auch Freude ansteckend, wir können uns anstecken mit Freude, wir können auch, indem wir die freudigen Stunden einer Beziehung in unsere Erinnerung zurückholen, was ja in Freundschaftsbeziehungen immer wieder geschieht, auch das Erlebnis der Freude für uns zurückholen. So schafft Freude größere Verbundenheit durch die Stimulierung eines guten Selbstwert- und Daseinsgefühls, aber auch die Möglichkeit, sich selber als energievollen Menschen zu erleben, der dann sein Leben auch wieder in eigener Regie gut gestalten kann.

Freude ist die Emotion, die zu solidarischem Verhalten führt. Wenn wir uns freuen, dann haben wir die Tendenz, uns zu verschwestern und zu verbrüdern. Wir fragen nicht so sehr nach Trennendem, sondern nach dem, was Menschen miteinander verbindet. Wir schauen dann auch einmal über Gegensätze hinweg, vergessen Trennendes. Freude ist die Emotion, die eine große Verbundenheit herstellen kann, also uns selbst und auch den Alltag transzendieren lässt, die uns öffnet für die leichteren Seiten des Lebens.

Freude gilt als eine Emotion, die vor allem Kinder und allenfalls noch Frauen haben. Es wäre aber sehr sinnvoll, in ihr wieder eine Emotion zu sehen, die ganz wesentlich zum Menschen gehört, ihn genauso ausmacht wie Angst, Trauer usw., ihn aber zu ganz anderem Beziehungsverhalten führt: nicht in die Abgrenzung hinein, sondern in die Verbundenheit. Denn Freude weckt die Gewissheit, dass das Leben sich auch – ganz unverdientermaßen – mehren kann, dass wir Menschen auch über uns hinaus sein können und von Gefühlen der Gehobenheit genauso erfasst werden wie von Gefühlen der Bedrücktheit.

Problematisch würde die Freude erst, wenn in der Beziehungskultur nur noch Freude erlebt werden dürfte, was dann wohl nicht mehr mit dem Ausdruck »Freude«, sondern mit dem Ausdruck »Spaß« benannt werden müsste. Dieser Spaß wäre dann vermutlich eher »freudlos«. Problematisch wäre die Freude also dann, wenn die andere Seite des Daseins, das Durchdringen der Widerständigkeit des Alltags, im privaten Leben wie auch in der Politik, ausgeblendet würde. Zum Verfall der Freude würde also ein Rückzug von der Welt der Probleme und des Kummers in die Welt der Nur-Freude führen. Im allgemeinen führt aber gerade auch das Zulassen der Freude – sie ist ja viel öfter aus unserem Alltag verbannt als Kummer und Sorgen – dazu, dass wir uns wieder neu gestärkt unseren Problemen zuwenden können und tun, was notwendig ist.

Ein weiterer Wert, der mit allen vorab genannten in einem Zusammenhang steht und der sich aus den Beziehungen zu den besten Freundinnen ergibt, ist der Wert einer

Alltagskultur

Gesten, die Beziehung ausdrücken – etwa das vierblättrige Kleeblatt für den Gang ins Krankenhaus zu einer gefährlichen Operation, eine liebevolle Aufmerksamkeit, ein warmes Essen zur richtigen Zeit, ein Gedicht auf dem überfüllten Schreibtisch –, sind nicht schmückendes Beiwerk, der spielerischen Natur der Freundinnen entsprungen, das sind Wegmarken einer kultivierten Beziehungslandschaft. Es ist eine wenig beachtete Kultur, aus Betroffenheit heraus erschaffen, nicht für die Ewigkeit gedacht – und doch von allergrößter Wichtigkeit für eine Lebensatmosphäre, in der man sich wohl fühlen kann.

Diese Form der Alltagskultur steht selbstverständlich neben allen anderen Werken der Kultur, die Menschen schaffen, aber sie müsste auch als eine Form der Kultur verstanden werden, als eine Form der Beziehungskultur.

Dazu scheint sich mir – zwar etwas verhalten

noch – in den Interviews auch ein recht introvertierter Wert abzuzeichnen, der Wert der

Sehnsucht nach Sinn und Mitte

– nach einer Spiritualität, die im Zusammenhang steht mit dem direkten Erleben von Träumen, von Erlebnissen mit der Natur und dem Teilen dieses Erlebens miteinander.

Diese Sehnsucht ist kaum zu unterscheiden von der Sehnsucht nach dem eigenen originären Selbst, steht aber auch damit im Zusammenhang, dass für ein umfassenderes Beziehungsselbst auch ein Symbol gefunden werden müsste.

Wahrscheinlich wäre es sinnvoll, die Sehnsucht danach immer wieder einander mitzuteilen, vielleicht würden sich aus diesen geteilten Sehnsüchten heraus langsam Bilder kristallisieren.

Problematisch scheint mir, wenn einzelne Frauen Bilder, die für sie durchaus eine Stimmigkeit haben mögen, für sie im Moment Sinn und Mitte und emotionale Ergriffenheit bedeuten, als Bilder anbieten, die für alle Frauen gelten sollen, also eigentlich wieder eine neue Ideologie setzen.

Gerade das Wissen um Spiritualität muss immer wieder dem Erleben anderer Menschen ausgesetzt und mit ihnen diskutiert werden; würde es zu einem statischen Besitz, dann verlöre die Spiritualität ihre bewegende Kraft und würde allenfalls wieder zu einer Anhäufung von Regeln, die befolgt werden müssen.

Alle diese Aspekte einer Beziehungskultur, abgeleitet aus der Beziehung der besten Freundinnen, sind Aspekte des Wertes der

Solidarität

Eine Beziehungskultur ist eine Kultur der Solidarität. Wenn es uns wichtig ist, eine Kultur der Solidarität aufzubauen, dann, so scheint es mir, können wir uns die Werte, die in der engen Frauenbeziehung gepflegt und gelebt werden, als Utopie vor Augen halten. Auch die Schwierigkeiten, die damit verbunden sind, sind deutlich.

Bibliografische Information der Deutschen Bibliothek
Die Deutsche Bibliothek verzeichnet diese Publikation in der Deutschen Nationalbibliografie; detaillierte bibliografische Daten sind im Internet über http://dnb.ddb.de abrufbar

Kreuz Verlag, Stuttgart
in der Verlagsgruppe Dornier GmbH
Postfach 80 06 69, 70506 Stuttgart

www.kreuzverlag.de
www.verlagsgruppe-dornier.de

Umschlaggestaltung: P.S. Petry & Schwamb, Agentur für Marketing und Verlagsdienstleistungen, Freiburg
Umschlagbild: © PhotoAlto/Michèle Constantini
Satz: de·te·pe, Aalen
Druck: freiburger graphische betriebe, Freiburg

ISBN 3-7831-2824-2
ISBN 978-3-7831-2824-6